Die schönsten Städtetrips

REISESERVICE

BUCHEN UND ANKOMMEN

Viele Airlines bieten Flüge zu Schnäppchenpreisen an. Hier erfahren Sie, wie man die günstigsten Tickets bucht, wie man von verschiedenen Zielflughäfen in die jeweilige Innenstadt gelangt und wie man beim Flughafen-Transfer sparen kann → S. 4

NIE WIEDER SPRACHLOS

Endlich am Ziel, und dann spricht der Kellner nur Portugiesisch oder die Zimmerwirtin nur Griechisch? Kein Problem, denn der kleine Dolmetscher hilft bei der Verständigung im Hotel oder Restaurant. Auf Englisch, Französisch, Griechisch, Italienisch, Portugiesisch, Schwedisch, Spanisch, Tschechisch und Türkisch → S. 6

FESTE, FESTIVALS, EVENTS

In jeder Stadt gibt es bestimmte Feste, die eine Reise besonders attraktiv machen – die Themen reichen von Mode bis Folklore, Tradition oder Religion. Was bewegt die Menschen in Lissabon, was feiern sie in London? Was wann und wo stattfindet, lesen Sie auf den → Klappen vorne und hinten

ZU JEDER STADT

STADTPLÄNE
Zu jeder Stadt gibt es eine Innenstadtkarte mit den wichtigsten Sehenswürdigkeiten.

VERKEHRSLINIEN
Mit den Verkehrslinienplänen finden Sie sich vor Ort zurecht.

WIE IST DAS WETTER?
Welche Kleidung einpacken? Wie das Wetter bei Ihrem Städtetrip voraussichtlich sein wird, sehen Sie in den Tabellen in der → Klappe vorne

Mittelwerte	JAN	FEB	MÄR	APR	MAI	JUN	JUL
Tagestemperatur	13	14	15	20	25	30	33
Nachttemperatur	6	7	8	11	16	20	23
Sonnenstunden	4	5	6	8	9	11	12

In Istanbul fahren alte Straßenkreuzer als Sammeltaxis.

INTERNETADRESSEN

www.air-berlin.de

www.bmibaby.com

www.easyjet.com

www.flydba.com

www.gexx.de

www26.germanwings.com

www.helvetic.com

www.hlx.com

www.intersky.biz

www.ryanair.com

www.virgin-express.de

BUCHEN UND ANKOMMEN

Die so genannten »Billigflieger« bieten weniger Service als andere Fluggesellschaften und halten dadurch die Ticketpreise niedrig. Das bedeutet, dass es weder kostenlose Speisen und Getränke noch Zeitungen an Bord gibt. In aller Regel sind die Tickets auch nur im Internet buchbar, im Reisebüro kommen Aufschläge hinzu – falls diese Flüge überhaupt dort angeboten werden. Außerdem gilt: Wer zuerst bucht, fliegt am billigsten. Einzige Ausnahme bildet Germania, dort haben alle Plätze den selben Preis.

Billigfluggesellschaften ändern ihre Destinationen häufiger als andere Fluggesellschaften. Unrentable Ziele werden schneller aussortiert, neue kurzfristig hinzugenommen. Und schließlich: Diese Gesellschaften weichen oft auf günstigere Flughäfen in der Nähe des eigentlichen Ziels aus. Flüge nach Hamburg enden in Lübeck, Maschinen für Mailand fliegen Bergamo an.

Im Folgenden geben wir Tipps für den besten Weg vom Flughafen zur Innenstadt. Internetadressen der wichtigsten Anbieter sind links und rechts aufgelistet.

LANDEN UND WEITERREISEN

ATHEN

Vom Flughafen Eleftherios Venizelos können Sie mit dem Bus E 94 alle 10 Minuten bis zum Ethniki Amyna (Verteidigungsministerium) fahren. Bus E 95 fährt alle 20 bis 30 Minuten zum Syntagma-Platz (Dauer ca. 60 Minuten). Und Bus E 96 fährt alle 20 Minuten über die Küstenstraße nach Piräus (Dauer 1,5 Stunden). Der Fahrpreis beträgt 2,90 €.

BARCELONA

In Barcelona landen Sie auf dem Flughafen El Prat. Von dort bringt Sie der Aerobus für 3,45 € in 20 Minuten zur Plaça de Catalunya im Zentrum, von wo aus Sie mit der Metro zu Ihrem Ziel weiterreisen können. Weitere Info unter www.tmb.net. Alle 30 Minuten fährt auch ein Zug vom Flughafen zum Bahnhof Barcelona-Sants (Preis 2,20 €).

BERLIN

In Berlin landen Sie auf dem Flughafen Schönefeld. Alle 30 Minuten startet der Airport-Express (RE 4 bzw. 5) Richtung Ostbahnhof, Alexanderplatz und Bahnhof Zoo.

ISTANBUL

Es verkehren regelmäßig Busse Richtung Zentrum.

LISSABON

Der Flughafen Portela de Sacavém liegt nördlich der Stadt. Mit dem Aero-Stadtbus (Nr. 91, Tageskarte 2,20 €) kommen Sie zum Rossio und zur Praça do Comércio. Er fährt zwischen 7 und 21 Uhr alle 20 Minuten ab. Das Ticket gilt am selben Tag auch für andere Busse und Straßenbahnen.

LONDON

In London können Sie an drei Flughäfen ankommen. Von Stansted startet alle 30 Minuten ein Zug zur Liverpool-Street-Station, Fahrtdauer 40 Minuten, Kostenpunkt 23 €. Von Gatwick startet der Gatwick Express alle 15 Minuten zur London-Victoria-Station, Fahrtdauer 30 Minuten. Von Luton aus fährt ein Zug in ca. 60 Minuten in die City.

MAILAND

Der Flughafen Orio al Serio liegt nahe Bergamo. 25-mal am Tag fährt ein Bus zwischen 8.30 und 0.30 Uhr zum Hauptbahnhof, Fahrpreis 6,70 €.

PARIS

Sowohl auf dem Flughafen Roissy-Charles de Gaulle als auch von Orly bringen Sie kostenlose Pendelbusse zu den RER-Vorortzügen.

PRAG

Der Ruzyně-Airport liegt 20 km außerhalb der Stadt, ein Terminalbus fährt regelmäßig direkt zum Platz der Republik.

ROM

Vom Flughafen Ciampino fährt ein Bus in 30 Minuten für 1 € zur U-Bahn-Station Anagina. Von dort gelangen Sie mit der Linie A bis zum Bahnhof Roma Termini.

STOCKHOLM

In Stockholm landen Billigflieger auf dem Flughafen Skavsta. Von hier aus starten 30 Minuten nach Ankunft Busse zum Hauptbahnhof. Fahrtzeit ca. 70 Minuten, die Rückfahrkarte kostet 22 €. Mehr Infos unter www.flugbussarna.se. Einige Anbieter (z.B. Germania Express) landen auch auf Arlanda (Schnellbahn: www.arlandaexpressen.com), 41 km nördlich von Stockholm.

WIEN

Vom Flughafen Wien-Schwechat fährt der City-Airport-Train in 16 Minuten zum City-Air-Terminal.

Berlin besitzt ein sehr großes S- und U-Bahn-Netz.

PREISVERGLEICH

www.airbroker24.de

www.airline-direct.de

www.avigo.de

www.billiger-reisen.de

www.billigflieger.de

www.billigfluege.ws

www.fliegen.de

www.flightpoint.de

www.flugbuchung.com

www.LCC24.com

www.opodo.de

NIE WIEDER SPRACHLOS

DEUTSCH	ENGLISCH	FRANZÖSISCH	GRIECHISCH	ITALIENISCH
IM HOTEL				
Ich suche ein Hotel	I'm looking for a hotel	Je cherche un hôtel	Psáchno éna ksenodochío	Cerco un albergo
Ich möchte ein Zimmer für ... Personen	I'm looking for a room for ... persons	Je cherche une chambre pour ... personnes	Psáchno éna domátjo ja ... átoma	Cerco una camera per ... persone
Haben Sie ein Zimmer frei? – für eine Nacht – für zwei Tage	Do you have any vacancies? – for one night – for two days	Avez-vous encore des chambres libres? – pour une nuit – pour deux nuits	Échete éna domátjo eléfthero? – ja mía níchta – ja dío méres	Lei ha ancora una camera libera? – per una notte – per due giorni
Ich habe ein Zimmer reserviert – mit Frühstück – mit Halbpension	I made a reservation for a room – including breakfast – half board	J'ai réservé une chambre – avec petit déjeuner compris – demi-pension	Éklissa éna domátjo – mä pro-i-nó – mä éna jéwma	Ho prenotato una camera – con prima (piccola) colazione – con mezza pensione
Kann ich das Zimmer sehen?	Can I have a look at the room?	Est-ce que je peux voir la chambre?	Boró na to do?	Posso vedere la camera?
Ich nehme es!	I'd like to have the room	Je prends la chambre	To pärno	Si, la prendo
Kann ich mit Kreditkarte zahlen?	Do you accept credit cards?	Est-ce que je peux payer avec les cartes de crédit?	Boró na plirósso mä pistotikí kárta?	Posso pagare con la carta di credito?
IM RESTAURANT				
Die Speisekarte bitte.	Could I see the menu please?	La carte, s'il vous plaît	Ton katálogo, parakaló	Posso vedere il menù?
Die Rechnung bitte.	Could I have the bill please?	L'addition, s'il vous plaît	Ton logarjasmó, parakaló	Il conto, per favore
Ich hätte gern einen Kaffee.	I would like to have a cup of coffee	S'il vous plaît, un café	Tha íthela éna kaffé	Vorrei un caffè, per favore
Mineralwasser	mineral water	eau minéral	neró	acqua minerale
Rotwein	red wine	vin rouge	kókkino krassí	vino rosso
Weißwein	white wine	vin blanc	áspro krassí	vino bianco
Bier	beer	bière	bíra	bierra
Brot	bread	pain	psomí	pane
Wo sind die Toiletten?	Where are the washrooms?	Où sont les toilettes?	Pu ínun i tualéttes?	Dove trovo il bagno?
Damen/Herren	ladies/gents	dames/hommes	jinékes/ándres	signore/signori
Kellner	waiter	garçon	garssón	cameriere
Frühstück	breakfast	petit déjeuner	pro-i-nó	prima colazione
Mittagessen	lunch	déjeuner	jéwma	colazione
Abendessen	dinner	dîner	dípno	cena
Dessert	dessert	dessert	gliká	dolce

PORTUGIES.	SCHWEDISCH	SPANISCH	TSCHECH.	TÜRKISCH
Procuro um hotel	Jag söker ett hotell	Busco un hotel	Hledám hotel	Bir otel arıyorum
Queria um quarto para ...	Jag söker ett rum för ... personer	Tiene usted una habitación para ... personas	Hledám pokoj pro ... osoby	... kişi için bir oda arıyorum
Ainda tem quartos? – para uma noite – para dois dias	Har ni lediga rum? – för en natt – för två dagar	Hay habitaciones libres? – para una noche – para dos días	Máte volný pokoj? – na jednu noc – na dvě noci	Boş odanız var mı? – bir geceliğe – iki günlüğe
Mandei reservar um quarto – com pequeno almoço – com meia pensão	Jag reserverade ett rum – med frukost – med halvpension	Reservé una habitación – desayuno incluido – con desayuno y cena	Mám reservaci na pokoj – se snídaní – s poloviční pensí	Bir oda ayırtmışım – kahvaltı dahil – yarım pansiyon ile
Poderia monstrarme o quarto?	Får jag titta på rummet?	Es posible ver la habitación?	Mohu se podívat na pokoj?	Odayı görebilir miyim?
Queria o quarto	Jag tar rummet	Quiero la habitación	Ten pokoj si vezmu	Odayı alacağım
Posso pagar com cartão?	Tar ni kort?	Puedo pagar con tarjeta de credito?	Mohu zaplatit s kreditní kartou?	Kredi kartı ile ödeyebilir miyim?
A ementa, se faz favor	Kan jag få menyn?	El menú, por favor	Jídelní lístek prosím	Mönüyü rica edebilir miyim
A conta, se faz favor	Kan jag få betala, tack!	La cuenta, por favor	Platit prosím	Hesabı getirir misiniz
Queria um café	Kan jag få kaffe?	Un café, por favor	Prosím jednu kávu	Bir kahve alabilir miyim
água mineral	mineralvatten	agua mineral	minerálka	maden suyu
vinho tinto	rödvin	vino tinto	červené víno	kırmısı
vinho branco	vitvin	vino blanco	bílé víno	beyaz şarap
cerveja	öl	cerveza	ležák	bira
pão	bröd	pan	chleba	ekmek
Onde está a casa de banho? senhoras/homens	Var finns damtoaletten/herrtoaletten?	Dónde está el baño? señoras/caballeros	Kde jsou záchody? dámy/páni, ženy/muži	Tuvaletler nerededir? bayanlar/baylar
o senhor	kypare	camarero	číšník/vrchní	garson
pequeno almoço	frukost	desayuno	snídane	kahvaltı
almoço	lunch	almuerzo	obědy	öğle yemeği
jantar	kvällsmat	cena	večeře	akşam yemeği
sobremesa	efterrätt	postres	zákusek	deser

ATHEN

Die einen ziehen Kunst und Historie in den Bann, die anderen kommen wegen des legendären Nachtlebens.

Die Akropolis, das Wahrzeichen von Athen, vom Philópappos-Hügel aus gesehen.

ATHEN ZU FUSS

Sie starten am **Omónia-Platz** und erreichen über die Athinas-Straße den großen **Rathausplatz**. Auf dem vielstimmigen **Zentralmarkt** fühlt man sich wie im Orient: Ob Wellensittiche oder Oliven, hier wird alles feilgeboten.

Etwas weiter biegen Sie in die **Evripidou-Straße** ein. Sollten Sie auf dem Markt noch keine Kräuter gekauft haben, so können Sie es hier in Haus 41 tun (Elixir). Die byzantinische Kirche **Agia Kyriaki** ein Stück weiter ist rußgeschwärzt. Auf der Aiolou-Straße kreuzt man die Fußgängerzone Ermou, biegt rechts in die Pandrosou-Straße ein und gelangt schließlich auf die Adrianou-Straße. So kommen Sie zur **Agorá**.

Nach deren Besichtigung am westlichen Rand auf der **Apostolou Pavlou** (Fußgängerzone) weiter Richtung Thision. In der **Irakleidon**-Straße gibt es viele Lokale. Rechts biegen Sie ab und folgen der Straße aufwärts zur Kirche **Agios Dimitrios Lombardiaris** und zur **Pnyx**, einst Ort der Volksversammlung. Von der Kirche können Sie zum **Philópappos-Hügel** wandern und sich mit einer großartigen Aussicht über **Akropolis** und **Golf** für den Weg belohnen.

ÜBERNACHTEN

Hotels werden in Griechenland in die Kategorien L (Luxus) bis E (unterster Standard) eingeteilt. Bei den Kategorien L, A und B ist das Frühstück meist inklusive, man sollte aber sicherheitshalber nachfragen. Wenn nicht, ist das nicht weiter schlimm, denn das Croissant im nächsten Kafeneion ist häufig besser als das Hotelfrühstück.
In den Wintermonaten (Nov. bis Ostern) werden die Zimmer oft mit erheblichem Rabatt angeboten. Sie werden übrigens viele Hotels mit Drei- und Vierbettzimmern finden, was für Familien angenehm und preiswert ist.

Auf jeden Fall empfiehlt es sich, ein Hotel in der Stadt zu wählen. Nicht alle sind wirklich laut, vielfach sind Schallschutzfenster eingebaut worden. Die Unterkünfte außerhalb Athens sind oft schlecht mit öffentlichen Verkehrsmitteln zu erreichen. In Messezeiten u.ä. können die Hotelkapazitäten der Stadt schnell erschöpft sein, deshalb empfiehlt sich rechtzeitiges Buchen.

HOTEL-HIGHLIGHTS

Akropolis House

Einfaches, modernisiertes Haus in zentraler Lage, dennoch ruhig, auch dank der Schallschutzfenster.

Kodrou 6-8/Voulis; U-Bahn: Syntagma; Tel. 21 03 22 23 44, Fax 21 03 24 41 43; 20 Zimmer; ab 100 € MASTER VISA

Cecil

Große und hohe Zimmer in einem unter Denkmalschutz stehenden Haus, zur Straße hin laut.

Athinas 39; U-Bahn: Omónia; Tel./Fax 21 03 21 70 79; 39 Zimmer; ab 120 € VISA MASTER AmEx

Erechtheion

Vielleicht nicht an der ruhigsten Ecke der Stadt platziert, aber viele Sehenswürdigkeiten sind gut zu erreichen. Blick auf die Akropolis.

Flamarion 8; U-Bahn: Thissio; Tel. 21 03 45 96 06, Fax 21 03 46 27 56; 22 Zimmer; ab 90 € VISA MASTER

Grand' Hotel

Gutes Preis-Leistungs-Verhältnis, großzügige Zimmer mit TV, Balkon und Klimaanlage. Schon Henry Miller war hier.

Veranzerou 10; U-Bahn: Omónia; Tel. 21 05 24 31 56, Fax 21 05 23 36 88; 99 Zimmer; ab 130 € VISA MASTER AmEx

Nefeli

Einfach, sauber, zentral, aber ruhig. Mit Bad, TV und Klimaanlage.

Iperidou 16; U-Bahn: Syntagma; Tel. 21 03 22 80 44/45, Fax 21 03 22 58 00; 18 Zimmer; ab 100 € VISA MASTER

In den Gassen der Altstadt gibt es viele günstige Unterkünfte.

MERIAN-Tipps

SELBSTVERSORGER

Im Hotel Tempi gibt es kein Frühstück, aber dank Wasserkocher und Kühlschrank kann man es selbst machen. Vielleicht erwischen Sie eines der Zimmer mit schönem Ausblick auf die Akropolis und die Agia-Irini-Kirche (Zimmer 1, 2, 6, 7, 11, 12, 17, 18).

Aiolou 29; U-Bahn: Monastiraki; Tel. 21 03 21 31 75; www.travelling.gr/tempihotel; 22 Zimmer; ab 120 €

SPORTLICH

Wer in Athen fit bleiben möchte, dem sei das Athenian Callirhoe empfohlen. Das gute, moderne Haus mit tollem Blick über Athen verfügt über Fitnessbereich und Sauna.

Petméza 15/Kallirois; U-Bahn: Syngrou-Fix; Tel. 21 09 22 38 85, Fax 21 09 21 53 42; www.tac.gr; 73 Zimmer, 11 Suiten; ab 150 €

Kräuter aus den Bergen.

Blick von Südwesten auf den marmornen Parthenon.

MERIAN-Tipps

BYZANZ IN ATHEN

Das byzantinische Museum bildet einen Kontrast zu den anderen Ausstellungen der Stadt. Der dogmatische Kanon schrieb den Malern bestimmte Darstellungsformen vor, etwa Farben und Flächigkeit, den strengen Blick der Heiligen, Christus und anderer, das kleine Christuskind als Weltrichter statt Baby etc.

Vas. Sofias 22; U-Bahn: Evangelismós; Di–So 8.30–15 Uhr

DIE KYKLADEN IN ATHEN

Die weltgrößte Sammlung alter Kultidole und Statuetten befindet sich im Museum kykladischer Kunst. Diese Kultur wird auf 3200–2000 v. Chr. datiert. Viele große Künstler ließen sich von diesen eindrucksvollen Figuren beeinflussen.

Neofytou Douka 4; U-Bahn: Evangelismós; Mo, Mi, Do, Fr 10–16, Sa 10–15 Uhr

Kirche der Hl. Apostel.

SIGHTSEEING

Ja, es gab sie, die Zeit, als in den Museumsvitrinen der Stadt die Gegenstände ungeordnet und lieblos beieinander lagen. Doch diese Zeiten sind vorbei. Heute hat die Stadt ihre ganze museale Pracht entfaltet. Die Athener Museumsmeile erstreckt sich auf dem Vasilis Sofias-Boulevard vom Benaki-Museum bis zur Pinakothek. 5000 Jahre werden lebendig.

Natürlich ist es die Geschichte, die zum Besuch der ältesten Hauptstadt der Welt verführt. Akropolis, Agorá, Areopag und anderes, oft noch aus dem Geschichtsunterricht Vertrautes. Doch Athen hat sich auch hier herausgeputzt. So wurde die Innenstadt liebevoll restauriert, die Welt der byzantinischen Baukunst und griechischen Orthodoxie lockt stärker denn je. Hinzu kommen die hochmodernen olympischen Anlagen. Athen ist vielfältiger geworden.

SIGHTSEEING-HIGHLIGHTS

Agorá

Das Zentrum des antiken Athens, hier wurde die Tyrannei abgeschafft, hielt die Demokratie Einzug. Mehrfach wurde das Gelände beschädigt und wieder aufgebaut. Mit Museum.

Adrianou 24; U-Bahn: Monastiraki; im Sommer tgl. 8.30–19, im Winter bis ca. 15 Uhr

Akropolis

Bis ins 19. Jh. war das Wahrzeichen der Stadt besiedelt. Es wird durch seine vier Baumonumente charakterisiert, Propyläen, Nike-Tempel, Parthenon-Tempel und Ereichtheion – eines prachtvoller als das andere.

U-Bahn: Akropolis; tgl. 8–19, im Winter bis ca. 14.30 Uhr

Archäologisches Nationalmuseum

Das Museum besitzt die bedeutendste Sammlung von Kulturschätzen des archaischen, klassischen und hellenistischen Griechenlands.

Patission 44; U-Bahn: Victoria

Lykavittós

Von dem 227 m hohen Hügel hat man einen einmaligen Blick über die Stadt und den Saronischen Golf. Wer es romantisch mag, kommt am Abend hierher.

Bergbahn tgl. 8.45–0.15 Uhr, Do ab 10.30 Uhr. Die Talstation steht an der Ecke Plutarchou/Aristippou im Kolonáki-Viertel

Plaka

Die Athener Altstadt ist eine Mischung aus Trubel, stillen Ecken, Cafés und Tavernen, Läden, Kirchen und Museen. Viel wurde investiert, um diesen Charme zu bewahren.

ESSEN UND TRINKEN

Griechische Lokale öffnen um 20 Uhr, servieren ab 21 Uhr, normalerweise gehen die Griechen aber erst um 22 Uhr zum Essen, und gespeist wird oft tatsächlich erst um Mitternacht. Entscheidend ist dabei das gemeinsame Erlebnis. Viele kleine Speisen werden in die Mitte gestellt, jeder bedient sich. Wichtiger als ausgefallene Küche ist den Griechen die Atmosphäre eines Lokals.

Griechische Wirtshäuser werden »estiatória« genannt. Dabei wird unterschieden in Tavernen, »mezedopoleía« (eine Art Tapas-Bar), »ouzerien« (Snackbars), »oinomajeiria« (Hausmannskost), »psistariés« (Grillrestaurants) und »psarotavérnes« (Fischrestaurants).

Griechen bevorzugen die einheimische, bäuerliche Küche mit Fleisch und Fisch, Gemüse und Hülsenfrüchten. Fisch ist übrigens durchgehend teuer. Getrunken wird dazu in aller Regel Wein, oft aber auch Bier. Athens erste Brauerei wurde übrigens 1834 von einem Münchner namens Fix gegründet.

GASTRO-HIGHLIGHTS

Avissinia

Seit 20 Jahren ist dieses Restaurant mit nordgriechischer Küche so beliebt, dass die besten Rezepte als Buch herausgegeben wurden.

Kynetou 7; U-Bahn: Monastiraki; Tel. 21 03 21 70 47; Mi–Fr ab ca. 21.30 Uhr Livemusik, Sa, So nur am Nachmittag geöffnet, Mo geschl.; ab 16 € VISA

Eden

Es muss nicht immer Fleisch sein: Griechenlands erstes vegetarisches Restaurant mit Ökorohwaren.

Lisiou 12/Mnisikleous; U-Bahn: Monastiraki; Tel. 21 03 24 88 58; Di geschl.; ab 13 € VISA MASTER

Ierofantis

Gemütliche, etwas versteckt liegende Taverne in einem ehemaligen Gaswerk. Livemusik.

Ierofanton 13; U-Bahn: Thisio; Tel. 21 03 45 79 00; So abend, Mo geschl.; ab 16 € VISA

Philippou

Sie dürfen in die Töpfe blicken und wählen. Beste Qualität, zivile Preise – so wurde das 1923 eröffnete Restaurant zu Institution.

Xenokratous 19; U-Bahn: Evangelismós; Tel. 21 07 21 63 90; Sa Abend und So geschl.; ab 10 €

Platanos

Hausmannskost und Retsina vom Fass.

Diogenous Str. 4; U-Bahn: Monastiraki; Tel. 21 03 22 06 66; So abend geschl.; ab 10 €

Unter der Sonne speist es sich natürlich besonders schön.

MERIAN-Tipps

KAFFEE ABC

»Ellinikós« ist der starke türkische Kaffee mit dem Satz in der Tasse. Er heißt hier natürlich »griechisch« und wird »skéto« (ohne Zucker), »métrio« (mittelsüß) oder »glykó« (süß) serviert. »Gallikós« bedeutet »französischer Kaffee«, das ist Filterkaffee.

CAFÉ MELINA

Nach der Schauspielerin, Sängerin und späteren Kulturministerin Melina Mercouri benanntes Café, Wallfahrtsort ihrer Bewunderer: Von Fotos und Filmplakaten blickt die Unvergessene auf die Besucher.

Lysiou 22; U-Bahn: Akropolis

NEBENKOSTEN IN €

1 Tasse Kaffee .2,00–3,50

1 Bier 2,00–6,00

1 Cola 2,00–3,50

1 Brot (ca. 500 g) ....ca. 0,80

1 Schachtel Zigaretten 2,30–3,00

1 Liter Benzin......ca. 0,80

Fahrt mit öfftl. Verkehrsm. (Metroticket) 0,70

Mietwagen/Tag ....ca. 50,00

Manchmal gibt es zu den Delikatessen ein paar Insider-Tipps.

MERIAN-Tipps

SELTENE STÜCKE

Am Sonntagmorgen findet um den Monastiraki-Platz ein Flohmarkt statt. Neben Kitsch und Touristenware können Sie seltene Stücke günstig erwerben. Sie sollten nur daran denken, dass die Ausfuhr von Antiquitäten strengstens untersagt ist!

BESTES PULVER

Einst tranken die Griechen nur Mokka, erst Giorgos Misegiánnis machte sie vor 90 Jahren mit dem Filterkaffee vertraut. Heute verkauft sein Enkel seinen – den besten! – Kaffee der Stadt. (Kafedes Misegiannis, Leventi 7; U-Bahn: Syntagma).Empfehlenswert ist auch die Coffeeway-Kette: internationale und sehr gute griechische Sorten.
Stadiou 3; U-Bahn: Syntagma

Junge Griechinnen beim Shoppen.

EINKAUFEN

In der ganzen Plaka kann man Souvenirs wie die Athener Eule, T-Shirts mit Odyssee-Texten oder Gipskopien antiker Statuen kaufen. Aber nicht nur das: Es gibt auch günstige Lederwaren, zeitgenössisches Design und hübschen Schmuck. Wer Flippigeres wünscht, sucht eher das Psirri-Viertel auf. Viele Jugendliche bevorzugen die Ermou-Straße mit den großen Markenshops. Edler und teurer wird es im Kolonáki-Viertel in den Straßen Kanarí, Tsalakof und Voukourestiou. An den Orient erinnert das traditionelle Handwerkerviertel an der Athinas Straße.

Ikonen gibt es in den Straßen Apollonos-/Mitropoleos. Die beste Auswahl griechischer Musik hat der Virgin Megastore (Stadiou 7-9; U-Bahn: Syntagma). Eine Besonderheit ist der Laden der Griechischen Wohlfahrtsorganisation, der Landfrauen unterstützt (Ypas 6/Apolonos; U-Bahn: Syntagma).

SHOPPING-HIGHLIGHTS

All about shoes

Auf den Straßen Athens wird gefälschte Markenware verkauft: »echte« Designerschuhe von Prada bis Tods zu herabgesetzten Preisen.
Ermou/Evangelistrias; U-Bahn: Monastiraki

Mastihashop

Frischen Atem und weiße Zähne garantiert das Kaugummi aus dem Mastixstrauch von der Insel Chios.
Panepistimiou 6; U-Bahn: Syntagma; Mo–Fr 9–21, Sa bis 17 Uhr

Olive Wood

Schmuck, Besteck, kleine Töpfe oder Pfeffermühlen werden aus dem knorrigen Ölbaumholz hergestellt. Das filigrane Handwerk beherrscht der Schauspieler Vangelis meisterhaft.
Mnisikleous 8; U-Bahn: Monastiraki

Stavros Melissinos

Der Dichter arbeitet auch als Schuster. Und das mit großem Erfolg, denn Sophia Loren, Jackie Onassis und Michel Piccoli kauften schon seine Jesus-Latschen.
Pandrosou 89; U-Bahn: Monastiraki

Zolotas

Nur Zolotas darf von griechischen Museumsstücken Repliken anfertigen. Wer also ein Stück archaischer, klassischer und hellenistischer Kunst erwerben möchte, bekommt hier fast das Original.
Stadiou 9; U-Bahn: Syntagma

AM ABEND

Das Nachtleben beginnt in Athen nach Mitternacht – vorher wird gegessen. In vielen Restaurants ist der Übergang fließend, dort gibt es Livemusik, zu später Stunde wird das eine oder andere gemeinsame Lied angestimmt. Man mag es hier laut. Hundelokale, »skiládika«, werden solche Lokale genannt.

Aber es gibt natürlich auch Alternativen, von der besinnlichen Piano- und Chansonbar bis zu Disko, Theater, Freilichtkinos und der Staatsoper – obwohl das Gebäude alles andere als schön ist. Um so grandioser ist das neue Musikhaus Megaro Mousiki, das auch große internationale Namen anzieht. Sehr populär ist Rembetiko, der griechische Fado, dem Costas Gravas in seinem Film »Z« mit Yves Montand in der Hauptrolle ein ewiges Denkmal setzte.

Was gerade wo läuft, das erfahren Sie in der deutschsprachigen »Athener Zeitung«.

NIGHTLIFE-HIGHLIGHTS

Brettós

Seit 1890 serviert diese urgemütliche Bar hausgemachte Weine, Liköre und Schnäpse. Je später der Abend, desto voller wird es.

Kydathinain 41; U-Bahn: Syntagma; Tel. 21 03 23 21 10

Briki

Einer der angesagten Plätze, vielleicht auch weil die Preise vergleichsweise zivil sind. Nichts für Leute mit Platzangst.

Dorilaiou 6; U-Bahn: Megaro Mousikis; Tel. 21 06 45 23 80

Dora Stratou Theater

Dora Stratou sammelte Lieder und Tänze sowie die besten Musiker und Tänzer und ging mit ihnen in den letzten 50 Jahren auf Tournee. Hier ist ihre eigene Bühne.

Informationen: Tel. 21 03 24 43 95 (9–16 Uhr). Vorstellungen von Mai–Sept. jeden Abend außer Mo um 21.30, So um 20.15 Uhr, Platzreservierung nicht nötig, Tickets zu ca. 13 €; U-Bahn: Akropolis, dann Fußweg in Richtung Pnyx, ausgeschildert.

Folie

Natürlich viel zu eng, Superstimmung mit täglich wechselnder Musikfarbe, so z.B. donnerstags HipHop, freitags Disko und samstags Mix.

Eslin 2; U-Bahn: Ambelokipi; Tel. 21 06 46 98 52; tgl. außer So ab ca. 23.30 Uhr, im Sommer geschl.

Palenque

Der Tipp für alle Tango-Fans, ab und zu auch Livemusik, mal Latin, mal Ethno.

Farandaton 41; U-Bahn: Ampelokipoi; Tel. 21 07 75 23 60

Auf einer Terrasse mit Ausblick: ein wunderbarer Abend in Athen.

MERIAN-Tipps

LIEBE UND SEHNSUCHT

Durch Flüchtlinge aus Kleinasien kam ab 1922 eine Musik nach Griechenland, die zunächst in Kneipen am Hafen von Piräus gepflegt wurde. Aus diesem Liedgut über verlorene Heimat, Liebe und Sehnsucht entwickelte sich die Rembetiko-Musik, die ihren Namen von »rembétis« (unbändig, widerspenstig) ableitet. Heute ist die Musik in allen Generationen beliebt. Dargeboten wird sie in Rembetiko-Lokalen.

MUSIK UND ALKOHOL

Laute Ausgelassenheit mit orientalischer Live-Popmusik und reichlich Alkohol, das bieten Bouzouki-Lokale. Kein billiges Vergnügen, aber das Erlebnis entschädigt. Im Juli und August finden diese Veranstaltungen oft am Strand statt.

Typisch: Rembetiko-Instrument.

Karolou
Metaxourgio
Leof. Athinon
Nationaltheater
Omonia
Satovriandou
Veran-
Menandrou
Kratous
Koumoundourou
Ierotheou
Akomi-
natou
Vilara
Nikito-
rou
Zinonos
Geraniou
So-
Stadiou
Ioanninon
Leof. Konipoleos
Paianieon
Poupliou
Virg. Benaki
Lenorman
Kerameon
Kolonou
Odysseos
Mylierou
Marathonos
Meg. Alexandrou
Kolokyn
Giatrakou
Thous
Kallergi
Leonidou
Iasonos
Deligiorgi
Kerameikou
Voulgari
Agisilaou
Thermopylon
Salaminos
Germanikou
Sfaktirias
P. Tsaldari
Anaxagora
Lyko
Efoolidos
Kleisthenous
Sokratous
Athinas
Akadimou
Myllerou
Dipylou
Epikourou
Pl. Odeiou
Menandrou
Sapfous
Diplari
Zentralma
Mykonou
Leonidou
Myronidou
Plataion
Granikou
Asomaton
Kalog Samouil
Kriezi
Plat. Eleftherias
Evripidou
Aristofanous
Aischylou
Ag. Dimitriou
Kalamida
Aiolou
Ag. Markou
Kleomvrotou
Iera Odos
Psar o miliqkou
Agios Gregorios
Dipylou
Leokoriou
Tompa
Sarri
Nika
Ag. Anargyron
Taki
Palladas
Vyssis
Nikiou
Kerameikos
Melidoni
Ogy-
gou
Lepeniotou
Aposto li
Karaiskaki
Aisopou
Ag. Theklas
Pittaki
Miaouli
Voreou
Karori
Ag. Eirinis
Skouze
Athinaido
Ermou
Thissio
Eptachalkou
Astingos
Filippou
Kynetou
Monastiraki
Kapnikarea
Efestion
Poulopoulou
Adrianou
Ifaistou
Pandrosou
Mitrop
Mitro
Erysichthonos
Vasilis
Irakleidon
Amfiktyonos
Akt aiou
Igiou
Apost. Pavlou
Areos
Nileos
Agora
Kladou
Agora-Museum
Dexippou
Galateias
Akamantos
Polygnotou
Römische Agora
Kymaion
Agia Marina
Observa-torium
Otryneon
Pnykos
D. Aiginitou
Panos
Markou
Mnisikleous
Kyrristo
Kanellopoulos-Museum
Prytaneiou
Stratonos
Theorias
Areopag
Akropolis
Pnyx-Hügel
Akropolis-Museum
Stratonos Thrasyllou
Agios Dimitrios Lombardiaris
Herodes-Atticus-Theater
Dionysos-Theater
Dion. Areopagitou
Kallisperi
Ilias-Lalaounis-Museum
Sokrates-Kerker
Garivaldi
Rovertou Gali
Fratti
Propylaion
Erech-theiou
Karyatidon
Mitsaion
Akropoli
Dora-Stratou-Theater
Kavalloti
Misaraliotou
Zitrou
Grabmal des Philopappos
Tsamikaratasi
Veikou

Athen Innenstadt
Akadimias
Ch. Trikoupi
Ippokratous
Mavromichali
Navarinou
Solonos
Didotou
Valtetsiou
Arachovis
Dervenion
Eressou
Smolensky
Asklipiou
Nik. Ouranou
Dafnomyli
Tsimiski
Isavron
Doxapatri
Sarantapichou
Agios Nikolaos
Deutsche evang.-Kirche
Agios Georgios
National-bibliothek
Universität
Akademie
Panepistimio
Katholische Kathedrale
Panepistimiou
National-Historisches-Museum
Numis-matisches Museum
Syntagma
Parlament
Amalias
Vasilis Sofias
Benaki-Museum
Museum kykladischer Kunst
Nationalgarten
Irodou Attikou
Residenz des Staatspräsidenten
Zappion
Hadrianstor
Olympieion
Vasil. Olgas
Arditou
Eratosthenous
Stadion
Agia Dinami
Kinder-kunst-mus.
Nikodemos-Kirche
Kinder-museum
Frissiras-Museum
Plaka
Filellinon
Ermou
Kanari
Skoufa
Lykavittou
Voukourestiou
Valaoritou
Amerikis
Othonos
Xenofontos
Ath. Diakou
0
300 m
© MERIAN-Kartographie

Metroplan Athen

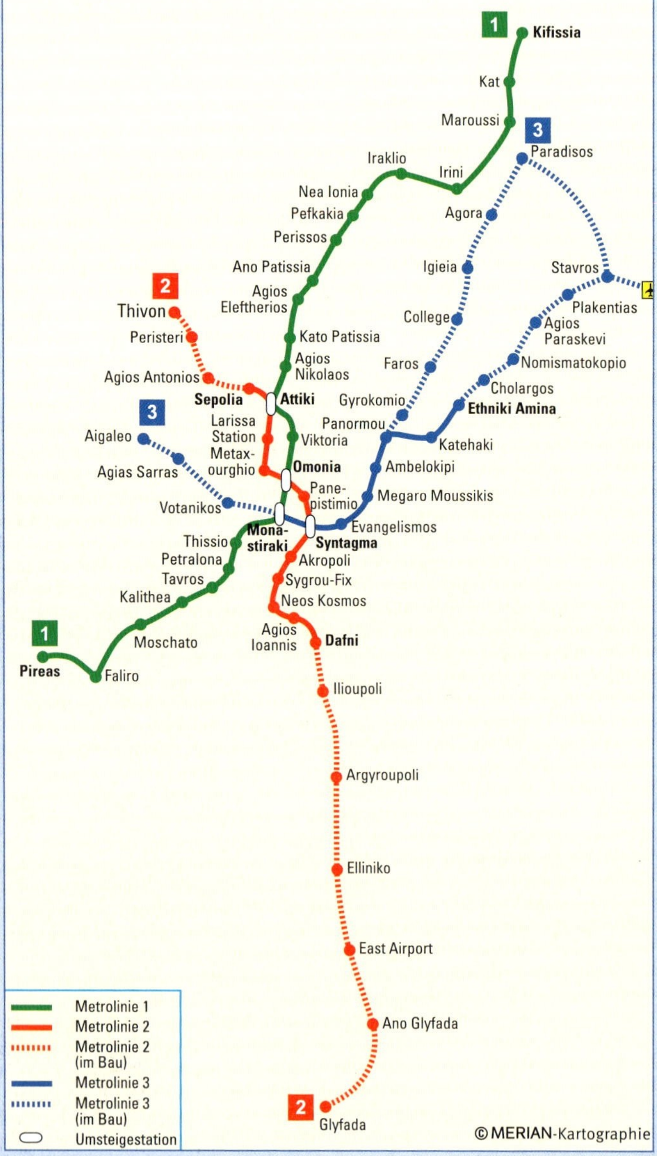

BARCELONA

Die Stadt ist laut und lebenslustig, die vielen Attraktionen überwältigen den Besucher – wer Ruhe sucht, findet sie am Strand.

Casa Milá: Antoni Gaudí schuf dieses spektakuläre Wohnhaus für seinen Freund Pere Milá.

BARCELONA ZU FUSS

Sie starten am Monument a Colom an der Plaça Portal de la Pau. Dort beginnen die **Ramblas**. Es geht hinauf Richtung **Plaça de Catalunya**. Dabei passieren Sie u.a. die **Plaça Reial** mit ihren stilvollen Arkaden sowie den Wochenmarkt **Mercat de la Boquería**. Sie überqueren den Platz und biegen in den breiten Passeig de Grácia ein. Mit der **Casa Amatller** und der **Casa Batlló** sehen Sie prächtige Beispiele des katalanischen Jugendstils.

Dann gehen Sie auf der anderen Seite des Passeig zum Platz zurück und kommen über die Avinguda Portal de l'Àngel zur **Kathedrale**. Von ihr weiter über die Carrer del Bisbe ins Barri Gòtic zur **Plaça Sant Jaume**. Am Platz residiert die katalanische Regierung im Palau de la Generalitat, das Ajuntament de Barcelona ist das Rathaus. Weiter in die Carrer Llibreteria zum **Stadtmuseum**. Die nächsten Straßen heißen Plaça l'Àngel, Carrer de la Princesa und Carrer de Montcada, dann stehen Sie vor dem **Museu Picasso**. Zum Abschluss geht es durch die Carrer Montcada zur **Sta. María del Mar** und zurück zu den Ramblas.

ÜBERNACHTEN

Die meisten Hotels finden Sie in der Altstadt nahe der Kathedrale sowie an den Ramblas. Zwar liegen sie sehr zentral, oft ist es dort aber nicht ganz leise. Nehmen Sie ein Zimmer auf der ruhigen Seite.

Grundsätzlich werden drei Unterkunftsarten unterschieden: **Hotels** gibt es mit einem bis fünf Sternen, **Hostals** gibt es in drei verschiedenen Kategorien, die den unteren drei der Hotels entsprechen. **Pensiones** sind die einfachsten Unterkünfte. Doch wer sich in das Nachtleben stürzen möchte und nur eine einfache Unterkunft braucht, wird zufrieden sein. Die Einteilung nach Sternen erleichtert die Orietienrung, doch kann man bei niedrig klassifizierten Unterkünften auch sehr positive Überraschungen erleben. Es lohnt sich oft, das Zimmer vor der Buchung zu inspizieren.

Erkundigen Sie sich frühzeitig, ob Zimmer frei sind. Zu Messezeiten, im Sommer und in der Karwoche sind Zimmer knapp.

HOTEL-HIGHLIGHTS

Apartaments Gutenberg
Gepflegte Apartments nahe der Ramblas.
Passatge de Gutenberg 7; Tel. 9 33 02 71 11; Fax 9 33 18 61 64; www.apartamentsgutenberg.com, Metro: Drassanes; ab 40 € AmEx MASTER VISA

Gaudí
Einfach, zentral, zweckmäßig, aufgrund seines guten Preis-Leistungs-Verhältnisses begehrt.
C. Nou de la Rambla 12; Metro: Liceu; Tel. 9 33 17 90 32, Fax 9 34 12 26 36; www.hotelgaudi.es; 73 Zimmer; ab 100 € CREDIT

Lleó
Zentral gelegen und klimatisiert. Unbedingt nach rückwärtig gelegenen Zimmern fragen.
C. de Pelai 22 und 24; Metro: Catalunya; Tel. 9 33 18 13 12, Fax 9 34 12 26 57; www.hotel-lleo.es; 76 Zimmer; ab 100 € CREDIT

Peninsular
Kleine Zimmer mit Grundausstattung, ruhig trotz Nähe zu den Ramblas.
C. Sant Pau 34; Metro: Liceu; Tel. 9 33 02 31 38, Fax 9 34 12 36 99; 40 Zimmer; ab 70 €

Sant Pau
Recht neues Hotel, jedes Zimmer mit Klimaanlage und TV, einige sogar mit Terrasse.
C. de Sant Antoni Maria Claret 173; Metro: Hospital de Sant Pau; Tel. 9 34 33 51 51, Fax 9 34 73 37 27; 93 Zimmer; ab 70 €

Auf Barcelonas quirliger Promenade Ramblas ist immer viel los.

MERIAN-Tipps

ÜBERNACHTEN MIT TRADITION
Das »España« ist ein traditionsreiches Hotel in Ramblas-Nähe. Die Zimmer sind schlicht, in den Speisesälen glänzt der Jugendstil, die Atmosphäre ist locker. Kein Prunk-Palast, der Hauch von Geschichte macht den Aufenthalt zum Erlebnis.
C. de Sant Pau 9 und 11; Metro: Liceu; Tel. 9 33 18 17 58; www.hotelespanya.com; 69 Zimmer; ab 70 € AmEx MASTER VISA

WO MAN BUCHEN KANN
Auf den Websites www.barcelona-on-line.es und www.hotelsbcn.com können Sie problemlos Ihre Unterkunft buchen. Vor Ort erledigt das Tourismusbüro (Plaça de Catalunya 17f, Untergeschoss) dieses für Sie kostenlos.

Hotelzimmer mit Logenblick.

Picasso, Dalí und Miró sind Aushängeschilder Barcelonas.

MERIAN-Tipps

WOHNEN MIT GAUDÍ

Es war der Industrielle Eusebi Güell, der Antoni Gaudí bat, in diesem Park eine vorbildlich in die Natur eingepasste Wohnsiedlung zu entwerfen. Heute ist der **Parc Güell** öffentlich. Die UNESCO hat den Park in das Weltkulturerbe aufgenommen.

C. d'Olot s/n; Metro: Vallcarca

LAS RAMBLAS

»Rambla« meint eigentlich trockenes Flussbett. Doch hier geht es nicht trocken zu. Straßenmusikanten, Cafés, Läden, Blumenstände, Kunstgewerbehändler – auf der 1,4 km langen Promenade tobt das Leben. Sie ist die Flaniermeile der Stadt.

Straßenkünstler auf den Ramblas.

SIGHTSEEING

Barcelona ist reich an Sehenswürdigkeiten, zwei kulturelle Pole der Stadt sind das Gotische Viertel und die Bauten des Modernisme. Generell gilt der Satz: Weniger ist mehr. Nehmen Sie sich Zeit und kombinieren Sie Sehenswürdigkeiten und Museen, die in einem Viertel liegen. Während wochentags das Verkehrsgetöse beim Sightseeing stören kann, ist der Sonntag ein idealer Tag für den Stadtbummel. Die Metro bringt Sie problemlos zu jedem Ziel und ist auf jeden Fall schneller als Bus oder Taxi. Sie kann im Berufsverkehr aber überfüllt sein.

SIGHTSEEING-HIGHLIGHTS

L'Aquarium

10 000 Meereswesen aus Hawaii und Karibik, Mittelmeer und Australien. Und ein Tunnel durch das Haibecken. Die bedeutendste Meeresschau am Mittelmeer.

Moll d´Espanya; Tel. 9 32 21 74 74; Metro: Drassanes; www.aquariumbcn.com; Mo–Fr 9.30–21, Sa, So, Fei bis 21.30 Uhr

Barri Gòtic

Das Gotische Viertel bietet Monumentalbauten aus verschiedenen Stilepochen. Kleine Gassen, gemütliche Plätze, urige Lädchen. Zu den Highlights zählen die Kathedrale, der Palau del Lloctinent und die Església del Pi.

Metro: Jaume I

Museu Nacional d'Art de Catalunya (MNAC)

Die legendäre, prächtige Sammlung romanischer Freskenmalerei konnte während des Spanischen Bürgerkrieges in den Pyrenäen vor der Zerstörung bewahrt werden.

Palau Nacional; Parc de Montjuï; Metro: Espanya; Di–Sa 10–19, So, Fei 10–14.30 Uhr

Museu Picasso

Picasso auf drei Etagen, chronologisch geordnet, viele Bilder stammen aus seiner Barcelonaer Epoche. Aber auch seine Zeitgenossen finden Beachtung.

C. de Montcada 15-23, Einlass Nr. 19; Metro: Jaume I; Di–Sa, Fei 10–20, So 10–15 Uhr

Sagrada Família

An dem Wahrzeichen der Stadt von Gaudí wird seit 1883 gebaut – erst acht der geplanten 13 Türme stehen. Von ihnen hat man einen herrlichen Blick über die Stadt.

Pl. de la Sagrada Família; Metro: Sagrada Família; Okt.–April tgl. 9–18, Mai–Sept. tgl. 9–19 Uhr

ESSEN UND TRINKEN

Der Lebensstandard in Barcelona ist hoch, entsprechend groß ist die Zahl teurer Restaurants. Wer nicht ganz so exklusiv und dennoch köstlich essen möchte, findet in den Tavernen, Bodegas und Restaurants entlang der Ramblas sowie in der Altstadt zwischen Mercat Sant Antoni und Hauptpost die ganze kulinarische Vielfalt der Region. Zu ihr gehören u.a. Kaninchen und Fisch, aber auch berühmte Nachspeisen wie die »crema catalana«. Sie schmeckt übrigens am besten, wenn die Karamellkruste noch warm ist.

Für den kleinen Hunger sind »torradas« eine gute Empfehlung, geröstete Bauernbrote mit Knoblauch, Olivenöl und Tomatenstückchen. Weitere Spezialitäten sind Anchovis, Haselnüsse, Äpfel, Birnen und Pfirsiche.

Westlich von Barcelona werden viele der Cavas hergestellt, nach der Champagnermethode produzierter Sekt. Die auch bei uns populären Hersteller Freixenet und Codorníu haben hier ihren Hauptsitz.

GASTRO-HIGHLIGHTS

Agut

Spezialitäten sind Reisgerichte und Kaninchen. Rechtzeitig reservieren – viele Stammkunden.

C. d'En Gignàs 16; Tel. 9 33 15 17 09; Metro: Jaume I; So abends und Mo geschl.; ab 15 € CREDIT

Carballeira

Eine der besten Adressen für Fischliebhaber, passenderweise nahe des Hafens gelegen.

C. Reina Cristina 3; Metro: Barceloneta; Tel. 9 33 10 10 06; So abends und Mo geschl.; ab 15 € AmEx MASTER VISA

La Vinya del Senyor

Ausgezeichnete Tapas und eine reichhaltige Käseauswahl. Die Karte mit den offenen Weinen wechselt alle zwei Wochen.

Pl. Santa Maria del Mar; Metro: Jaume I; Tel. 9 33 10 33 79; So, Fei geschl.; ab 10 € CREDIT

Les Quinze Nits

Katalanische und spanische Küche zu sensationell niedrigen Preisen. Riesiger Andrang!

Pl. Reial 6; Metro: Liceu; Tel. 9 33 17 30 75; tgl. 13–15.45 und 20.30–23.45 Uhr; ab 10 € CREDIT

Moncho's

Bereits das Vorspeisenbuffet beeindruckt, und auch die Hauptgerichte kommen großzügig portioniert auf den Tisch.

Travessera de Gràcia 44–46; Metro: Diagonal; Tel. 9 34 14 66 22; ab 12 € AmEx MASTER VISA

Das Restaurant Agut hat viele Stammgäste – reservieren!

MERIAN-Tipps

DIE MILCH MACHT'S

»Granjes« sind traditionelle, momentan sehr angesagte Milchbars. Eine der stilvollsten ist **Granja Viader**, in einer Gasse nahe der Ramblas gelegen. Probieren Sie die Erdmandelmilch (»horchata«)!

C. d'En Xuclà 4-6; Metro: Liceu oder Catalunya; Tel. 9 33 17 10 17; So, Fei geschl.

WURSTSPEZIALITÄTEN

Zu den Spezialitäten Kataloniens gehört z.B. die »salchichón«, eine der Salami ähnliche Hartwurst, oder die »butifarra«, eine auf verschiedene Arten gefüllte Bratwurst. Die »sobrasada« mit Paprika stammt eigentlich aus Mallorca.

NEBENKOSTEN IN €

1 Tasse Kaffee	0,90
1 Bier	1,30
1 Cola	1,20
1 Brot (ca. 500 g)	0,75
1 Schachtel Zigaretten	2,70
1 Liter Benzin	0,88
Fahrt mit Bus (Einzelfahrt)	1,05
Mietwagen/Tag	ab 40

800 Stände gibt es in der Markthalle Mercat de la Boquería.

MERIAN-Tipps

AUF DEM MARKT

Barcelonas Markthallen sind ein Erlebnis für sich. Herrlich kann man zwischen den Ständen schlendern und sich von der frischen Ware betören lassen. Auf dem Mercat de Sant Antoni findet zudem am Sonntagvormittag noch ein schöner Trödelmarkt statt.

C. del Comte d'Urgell; Metro: St. Antoni; Mo, Mi, Fr, Sa 8–14 Uhr

FÜR NASCHKATZEN

Barcelona macht Freunden des Süßen viele Angebote, die Pastissería Sirvent gehört zu den allerfeinsten. Schon seit 1930 gibt es das Geschäft, ein Café ist angeschlossen.

Carrer Parlament 56; Metro: Diagonal

Edle Mode am Passeig de Grácia.

EINKAUFEN

Barcelonas Shoppingwelt reicht von der Edelboutique bis zum versteckten Stöberlädchen. Die ursprünglichsten Geschäfte finden Sie in der Altstadt: Hier gibt es statt der bekannten Ketten kleine Krämerläden, die kuriose, manchmal angestaubte, aber immer alltagstaugliche Produkte anbieten, wie originelle Handschuhe, Schreibwaren oder Kerzen. Auch wer sich für Antiquariate und Antiquitätenhändler sowie Kunst interessiert, wird um die Kathedrale herum fündig. Kunstgewerbe aus Afrika und Lateinamerika wird in den Straßen Boquería und Ferrán verkauft.

Wer auf der Suche nach Mode und Schmuck ist, sollte das Goldene Viereck ansteuern. Damit ist die Einkaufszone um Passeig de Grácia und Rambla de Catalunya gemeint. Hier finden Sie alles, was gut und teuer ist. Gleiches gilt für die Avinguda Diagonal zwischen den Metrostationen Diagonal und Maria Cristina. Etwas gemäßigter sind die Preise an den Ramblas sowie in der Altstadt zwischen Kathedrale, Konzerthalle und Ramblas.

Die Geschäfte öffnen normalerweise um 9, schließen um 13 Uhr, um dann wieder von 14 bis mindestens 20 Uhr zu öffnen. Samstags sind nachmittags viele Geschäfte geschlossen.

SHOPPING-HIGHLIGHTS

Adolfo Domínguez

Hoch geschätzter Schöpfer von Mode für Sie und Ihn, nicht ganz billig.

Pg. de Grácia 32, Diagonal 490 und Av. Pau Casals; Metro: Diagonal

Arlequí Màscares

Masken in höchster Vollendung, ob von Prinzessinnen oder Teufeln, Gauklern oder Gigolos.

Carrer de la Princesa 7; Metro: Jaume I

Art Escudellers

Keramikkunst, Vasen, Kacheln und mehr aus ganz Spanien, Riesenauswahl.

Carrer dels Escudellers 23–25; Metro: Drassanes

La Manual Alpargatera

Seit über 200 Jahren das Fachgeschäft für die beliebten Sommerschuhe »alpargatas«.

C. d´Avinyó 7; Metro: Drassanes oder Liceu

Sephora

Unfassbar große Parfümauswahl, angeblich das größte Fachgeschäft Europas.

Centre El Triangle, Plaça de Catalunya 1; Metro: Placa Catalunya

AM ABEND

Das Nachtleben der katalanischen Stadt beginnt frühestens um 22 Uhr, dann öffnen die ersten Lokale. Viele von ihnen haben ohnehin nur freitags und samstags geöffnet, dann ist natürlich der Betrieb am größten. Nach Mitternacht hat so manches Lokal wegen Überfüllung geschlossen! Insofern ist es ratsam, vor 22 Uhr die Lokalität Ihrer Wahl aufzusuchen. Geöffnet ist überall bis in die frühen Morgenstunden.

In einer Metropole wie dieser ist das Angebot natürlich sehr variabel. Gerne schlendert man z.B. die Ramblas hinunter in Richtung Maremàgnum, ein Einkaufs- und Vergnügungszentrum, in dem immer Betrieb herrscht. Aber auch der Parc Olímpic ist sehr beliebt, mancher versucht im nahen Casino sein Glück. Etwas flippigere Menschen bevorzugen derzeit die Altstadt, insbesondere um die Plaça Reial. Die Alternativen fühlen sich zum Viertel Gràcia hingezogen, wo es auch recht günstig ist. Jüngst in Mode gekommen ist das Viertel Raval, hier gibt es ultracoole Lokale ebenso wie urig-traditionelle.

Wenn Sie genau wissen wollen, was wo läuft, kaufen Sie am besten die wöchentlich erscheinende Zeitschrift »Guía del Ocio«. Sie listet in alphabetischer Reihenfolge alle Events der Stadt auf.

NIGHTLIFE-HIGHLIGHTS

Antilla Latin Club
Hier kann man die besten Salsa-Tänzer der Stadt bewundern.
C. Aragó 141; Metro: Urgell; tgl. ab 23 Uhr, Eintritt 10 €

Boadas
Seit den 1930er Jahren legendäre Cocktailbar und Treffpunkt von Intellektuellen.
C. dels Tallers 1; Metro: Catalunya; 12–2 Uhr

Espai Barroc
Edler Saal mit antikem Mobiliar und klassischer Livemusik, dazu Speisen und Getränke.
Motcada 20; Metro: Jaume I; Di–Sa 20–2 Uhr, Do Operntag ab 23 Uhr; Reservierung Tel. 9 33 10 06 73; Eintritt 18 €

Gimlet
Klasse Cocktails, coole Einrichtung, Jazz und Publikum aus der Kulturszene.
C. del Rec 24; Metro: Jaume I; 19–3 Uhr, So geschl.

Vermutito
Große Auswahl an Wermut, aber auch kleine Speisen.
Carrer Mallorca 211; Metro: Passeig de Gràcia; werktags bis 2, Sa 12–16 und 20–3, So 12–15.30 Uhr

In der Bar Boadas genoss schon Hemingway seine Cocktails.

MERIAN-Tipps

ABENDS AM WASSER

Wie wäre es mit einem kleinen Spaziergang am Olympiahafen? Oder einem Absacker in einem der dortigen Terrassenlokale? Um den Port Olímpic ist ein ganz eigenes, schickes und sehenswertes Viertel entstanden.
Pg. Marítim de la Barceloneta; Metro: Ciutadella-Vila Olímpica

FÜR JEDEN GESCHMACK

Im **Maremàgnum** gibt es zehn unterschiedliche Diskos – hier wird jeder fündig. Junges Publikum.
Port Vell; Moll d´Espanya s/n; Metro: Drassanes; tgl. bis in den frühen Morgen

WO ES SPRUDELT

Cava-Bars werden Xampanyerías genannt. Die **Reina Cristiana** ist günstig, das Publikum angenehm unspektakulär.
C. Reina Cristina 7; Metro: Barceloneta

Musiker an der Plaça Reial.

Barcelona Innenstadt
Carrer de València
Carrer d´Aragó
Plaça Doctor Letamendi
Carrer de Balmes
Carrer de Muntaner
Carrer d'Aribau
Carrer del Consell de Cent
Carrer de la Diputació
Universitat Central
Urgell
Gran Via de les Corts Catalanes
Plaça de la Universitat
Universitat
Ronda Universit
Carrer de Pelai
C. de Sepúlveda
Pl. de Castella
Carrer dels Tallers
C. Berga
Ronda de Sant Antoni
Carrer de Floridablanca
C. de Villarroel
Comte d'Urgell
Carrer Valldonzella
C. del Tigre
C. de la Paloma
Casa de Misericordia
Museu d'Art Cont. de Barcelona (MACBA)
C. de Tamarit
C. Sant Gil
C. de Sant Vicenç
C. de Ferlandina
Pl. dels Àngels
C. del
Mercat de Sant Antoni
C. de la Cendra
Carrer de la Riera Alta
C. La Lluna
C. de Joaquín Costa
C. Elisabets
Sant Antoni
C. de Sant Antoni Abat
C. del Peu de la Creu
C. dels Àngels
C. Pintor Fortuny
Carrer d'en Xuclà
El Raval
Carrer del Carme
Nostra Senyora de Betlem
Las Ramblas
Hospital de Santa Creu, Biblioteca de Catalunya
Palau de la Virreina
Carrer de la Cera
Carrer de l'Hospital
Pl. Gardunya
C. Jerusalem
Museu de l'Erotica
Carrer Petritxol
Ronda de Sant Pau
Carrer de la Reina Amàlia
Carrer de les Carretes
Rambla del Raval
C. de l'Aurora
Mercat de la Boquería
Pl. Josep Maria Folch i Torres
C. de Sant Jeroni
Carrer de la Cadena
C. de S. Rafael
Carrer Robador
C. Junta de Comerç
Liceu
Església del Pi
C. de la Boq
Sant Agustí
C. de les Flors
Carrer de Sant Pau
Gran Teatre del Liceu
Paral.lel
Mon. de Sant Pau del Camp
C. Marquès de Barberà
Vidre
C. de Rauric
Plaça Reial
Avinguda del Paral.lel
Plaça Raquel Meller
C. de les Tàpies
Carrer Nou de la Rambla
Palau Güell
C. Aglà
C. de l'Est
Bodega Bohemia
Plaça del Teatre
C. dels Escu
Carrer Cabanes
C. de l'Om
Avinguda de les Drassanes
l'Arc del Teatre
C. de Vila i Vilà
Centre d'Art Santa Mònica
C. Nou de S. Francesc
C. de Piquer
Carrer de
C. del Cid
C. Mont-serrat
Museu de Cera
C. Portal de Santa Madrona
Drassanes
C. J. A. Clavé
Museu Marítim
Plaça Portal de la Pau
Monument a Colom
0
300 m
Pg. de Josep Carner
Muntanya de Montjuïc
Dàrs

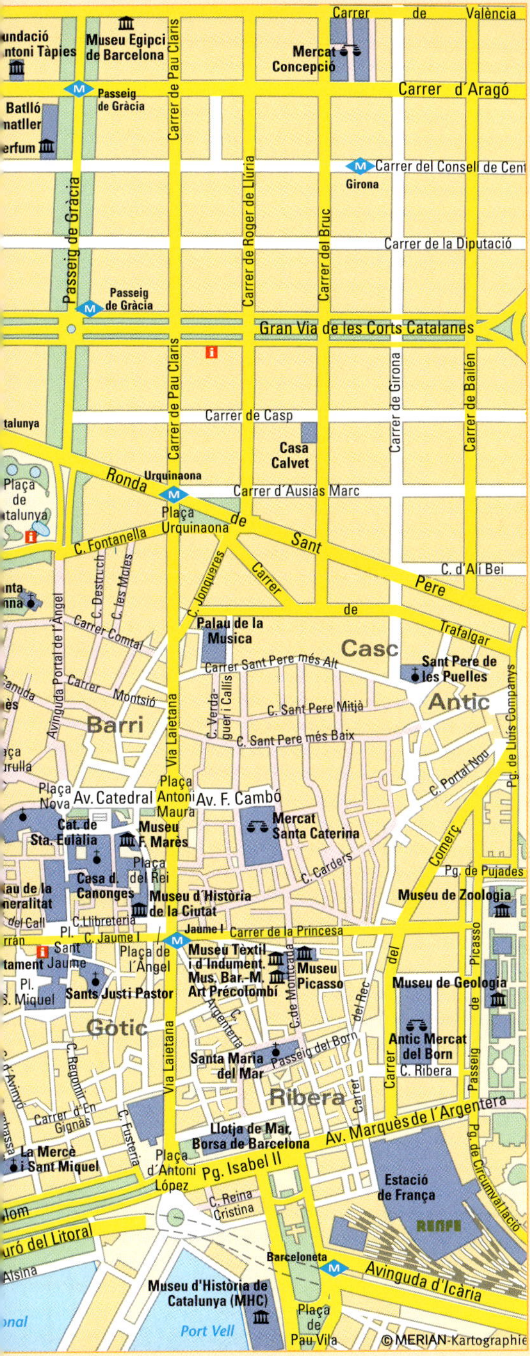

Carrer de València
Museu Egipci de Barcelona
Mercat Concepció
Passeig de Gràcia
Carrer d´Aragó
Carrer de Pau Claris
Carrer del Consell de Cent
Girona
Passeig de Gràcia
Carrer de Roger de Llúria
Carrer del Bruc
Carrer de la Diputació
Gran Via de les Corts Catalanes
Carrer de Casp
Carrer de Girona
Carrer de Bailén
Casa Calvet
Urquinaona
Ronda de Sant Pere
Carrer d´Ausiàs Marc
Plaça de Catalunya
Plaça Urquinaona
C. Fontanella
Carrer de Trafalgar
C. d´Alí Bei
C. Destruch
C. les Moles
C. Jonqueres
Avinguda Portal de l´Àngel
Carrer Comtal
Palau de la Musica
Casc Antic
Sant Pere de les Puelles
Carrer Sant Pere més Alt
Carrer Montsió
C. Sant Pere Mitjà
C. Sant Pere més Baix
C. Verdaguer i Callís
Barri
Via Laietana
Pg. de Lluís Companys
C. Portal Nou
Plaça Nova
Av. Catedral
Plaça Antoni Maura
Av. F. Cambó
Cat. de Sta. Eulàlia
Museu F. Marès
Mercat Santa Caterina
Casa d. Canonges
Plaça del Rei
C. Carders
Comerç
Pg. de Pujades
Museu d´Història de la Ciutat
Museu de Zoologia
C.Llibreteria
Pl. Sant Jaume
C. Jaume I
Jaume I
Carrer de la Princesa
Plaça de l´Àngel
Museu Tèxtil i d´Indument.
Mus. Bar.-M. Art Précolombí
Museu Picasso
Museu de Geologia
Sants Justi Pastor
Pl. S. Miquel
C.de Montcada
Carrer del Rec
Picasso
Gòtic
C. Argenteria
Antic Mercat del Born
Passeig del Born
C. Ribera
Santa Maria del Mar
Ribera
C. Regomir
Carrer d´En Gignàs
C. Fusteria
La Mercè i Sant Miquel
Llotja de Mar, Borsa de Barcelona
Av. Marquès de l´Argentera
Plaça d´Antoni López
Pg. Isabel II
Estació de França
Pg. de Circumval.lació
C. Reina Cristina
RENFE
Barceloneta
Avinguda d´Icària
Museu d'Història de Catalunya (MHC)
Port Vell
Plaça de Pau Vila
© MERIAN-Kartographie

Metroplan Barcelona
Sant Cugat, Sabadell, Terrassa
Vallvidrera
Peu del Funicular
Tibidabo
Peu del Funicular
Montbau
Mundet
Valldaura
Canyelles
Vall d'Hebron
Trinitat Nova
Via Júlia
Reina Elisenda
Penitents
Horta
Zona Universitària
Sarrià
Les Tres Torres
Av. del Tibidabo
Vilapicina
Llucmajor
Trinitat Vella
Baró de Viver
El Putget
Vallcarca
Virrei Amat
Sant Ildefons
Can Boixeres
Palau Reial
La Bona-nova
Pàdua
Torras i Bages
Sta. Coloma
Cornellà
Gavarra
Can Vidalet
Maria Cristina
Fabra i Puig
Rbla. Just Oliveras
Pubilla Cases
Muntaner
Lesseps
Maragall
Sant Andreu
Can Serra
Pl. Molina
Alfons X
Congrés
Fondo
Collblanc
Les Corts
S. Gervasi
Guinardó
Almeda
Florida
Gràcia
Fontana
Riu Besòs
Badal
Camp de l'Arpa
Av. de Carrilet
Plaça del Centre
Joanic
Sagrera
Torrassa
Pl. de Sants
Hospital Clínic
Cornellà, Martorell, Manresa, Igualada
L'Hospitalet
Mercat Nou
Entença
Diagonal
Hospital de Sant Pau
Navas
Verneda
Artigues/ St. Adrià
Sant Josep
Sta. Eulàlia
Sants-Estació
Provença
Verdaguer
St. Martí
Bellvitge
Sagrada Família
En-cants
Clot
La Pau
Gornal
Hostafrancs
Tarragona
Urgell
Girona
Bac de Roda
Sant Roc
Gorg
Feixa Llarga
Tren de RENFE a l'Aeroport
Ildefons Cerdà
Espanya
Rocafort
Univer-sitat
Tetuan
Glòries
Besòs
Urquinaona
Monumental
Marina
St. Antoni
Catalunya
Arc de Triomf
Selva de Mar
Poble Sec
Poblenou
Besòs Mar
Liceu
Pg. de Gràcia
Jaume I
Bogatell
Llacuna
Paral.lel
Parc de Montjuïc
Drassanes
Barceloneta
Ciutadella-Vila Olímpica
Castell
Miramar
Mittelmeer
© MERIAN-Kartographie
Metrolinie 1
Metrolinie 2
Metrolinie 3
Metrolinie 4
Metrolinie 5
Ferrocarrils de la Generalitat de Catalunya
Tramvia Blau
Zahnradbahn
Seilbahn
Umsteigemöglichkeit

BERLIN

Die spannendste Stadt Europas ist immer in Bewegung, in der Kunst, der Musik, dem Nightlife. Ein Besuch lohnt sich jederzeit.

Der Potsdamer Platz: einst Verkehrsknotenpunkt, heute Stadt in der Stadt.

BERLIN ZU FUSS

Ein typischer Spaziergang durch den alten Westen kann beim Kaufhaus des Westens, dem **KaDeWe**, am Wittenbergplatz beginnen. Sie folgen der Shoppingmeile Tauentzienstraße bis zum **Europa-Center** am Breitscheidplatz. Nach einem Besuch der **Gedächtniskirche** geht es ein Stück auf dem berühmten Ku'damm weiter, dann aber bald links in die noble Fasanenstraße. Im Gebäude des **Astor-Kinos** an der Ecke gastierte 1926 Josephine Baker. Das Café im **Literaturhaus** lädt zu einer Pause ein. Nebenan ist die **Villa Griesebach** (Galerie, Auktionen) mit dem **Käthe-Kollwitz-Museum**. Über die belebte Lietzenburger Straße geht es zum Fasanenplatz und in die Pariser Straße, und tatsächlich kann man hier glauben, in der französischen Hauptstadt zu sein. Am Ludwigkirchplatz wartet die Bar **Zur weißen Maus** mit köstlichen Drinks auf. Die Bleibtreustraße führt zum **Savignyplatz**, wo man zu fast jeder Tageszeit in kleinen Läden stöbern oder sich in einem der unzähligen Cafés niederlassen kann.

S- und U-Bahn-Plan → Klappe hinten

ÜBERNACHTEN

Neue Hotels überall, wo man in Berlin auch hinsieht. Natürlich am Potsdamer Platz und dem nahen Leipziger Platz. Hier blüht die Luxushotellerie, die bekanntesten Beispiele sind das Adlon Hotel Kempinski (Unter den Linden 77) und das Grand Hyatt Berlin (Marlene-Dietrich-Platz 2).

Am Kurfürstendamm sind neue Hotels entstanden. Und selbst am Gendarmenmarkt oder dem Prenzlauer Berg, einst hotelfreie Zonen, lässt sich jetzt übernachten. Dieser erhöhte Konkurrenzdruck hat die Unterkünfte im Westen bewogen, qualitativ anzuziehen. Selbst in sehr zentralen Lagen wie etwa dem Ku'damm bekommt man jetzt für vergleichsweise moderate Preise ein gutes Zimmer.

Die Nachfrage steigt, ein Ende des Booms ist nicht abzusehen. Dennoch sollten Sie rechtzeitig reservieren, denn die Besucherströme sind groß, ab und an sorgt eine Messe für zusätzliche Knappheit.

HOTEL-HIGHLIGHTS

Bogota

Feudales Wohnhaus, in dem schon Benny Goodman und Helmut Newton nächtigten.

Schlüterstr. 45; Tel. 8 83 50 01, Fax 8 83 58 87; www.hotel-bogota.de; U-Bahn: Adenauerplatz; 123 Zimmer; ab 100 € CREDIT

Gates

Zimmer mit Highspeed-Internetzugang in einem Haus aus der Gründerzeit.

Knesebeckstr. 8–9; Tel. 31 10 60, Fax 312 20 60; www.hotel-gates.com; U-Bahn: Ernst-Reuter-Platz; 71 Zimmer; ab 100 €

Imperator

Denkmalgeschütztes Haus von 1900, die Jugendstileinrichtung erinnert an die 1930er.

Meinekestr. 5; Tel. 8 81 41 81, Fax 8 85 19 19; U-Bahn: Kurfürstendamm; 11 Zimmer; ab 80 €

Residenz

Jugendstilhotel, das auch gern für Filmaufnahmen genutzt wird.

Meinekestr. 9; Tel. 88 44 30, Fax 8 82 47 26; www.hotel-residenz.com; U-Bahn: Kurfürstendamm; 80 Zimmer; ab 150 € CREDIT

Sorat art'otel

Ein Hotel als Galerie, denn hier übernachtet man inmitten moderner Kunst. Beeindruckend.

Joachimstaler Str. 29; Tel. 88 44 70, Fax 88 44 77 00; www.sorat-hotels.com/artotel-berlin; U-Bahn: Kurfürstendamm; 133 Zimmer; ab 150 € CREDIT

Das Hotel Adlon ist mondän, erstklassig und immens teuer.

MERIAN-Tipps

IM GRÜNEN SCHLUMMERN

Eine Hotel-Oase in der Stadt. Der Garten des Honigmond Garden bezaubert müde Gäste.

Invalidenstr. 122; Tel. 28 44 55 77; www.honigmond-berlin.de; U-Bahn: Zinnowitzer Straße; 15 Zimmer; ab 100 €

KUNSTVOLL SCHLAFEN

Jedes Zimmer im Künstlerheim Luise wurde von einem Künstler gestaltet.

Luisenstr. 19; Tel. 28 44 80; www.kuenstlerheim-luise.de; U-Bahn: Friedrichstr; 48 Zimmer; ab 100 € MASTER VISA

AN KARTEN KOMMEN

Wenn Sie ein Partnerhotel der Berlin Tourismus Marketing GmbH buchen, kümmert man sich dort bei Bedarf auch um Veranstaltungskarten (Tel. 030/25 00 25).

Die Gedächtniskirche.

Die Hackeschen Höfe sind eines der Berliner Kulturzentren.

SIGHTSEEING

Berlin ist in Bewegung: Gebäude werden abgerissen und aufgebaut, saniert und renoviert. So ist manche Sehenswürdigkeit gerade eingerüstet, manches Museum vorübergehend geschlossen oder umgezogen. Nur wenig ist konstant in der Hauptstadt. Bei der immensen Fülle von Sehenswertem bietet sich aber immer eine Alternative, eine Chance auf Neues, Unerwartetes.

Berlin hat, trotz aller Bauwut, seinen Facettenreichtum bewahren können. Es gibt das traditionelle Berlin in den Randbezirken oder am Tegeler See ebenso wie das moderne, z.B. in Berlin-Mitte.

Über manches fegt der Zeitgeist schnell hinweg. Nach der Wende wurde z.B. der Prenzlauer Berg schnell zum »In«-Viertel. Aber gilt das heute noch? Was folgt als nächstes? Dem Ku'damm kamen die Besucher abhanden, alles strömte zur Friedrichstraße. Und heute? Künstler und ihr Publikum ziehen weiter. Alles ist im Wandel.

MERIAN-Tipps

MUSEEN SATT

Fünf bedeutende Museen auf einer Spree-Insel: Altes und Neues Museum, die Alte Nationalgalerie, das Bode-Museum und das Pergamon-Museum, jedes einzelne eigentlich ein Muss, insbesondere das Letztere.
Bodestr. 1–3; S-Bahn: Hackescher Markt

MUSEEN GÜNSTIG

Mit dem Museumspass »Schaulust« für 10 € kann man über 50 Museen in drei Tagen besuchen.
Die »Staatlichen Museen zu Berlin – Stiftung Preußischer Kulturbesitz« kann man für 4 € am Tag betreten.

SIGHTSEEING-HIGHLIGHTS

Hackesche Höfe

Die acht Höfe glänzen mit wunderschönen Stuckfassaden und zahlreichen kleinen Geschäften.
Rosenthaler Str. 40/41; S-Bahn: Hackescher Markt

Potsdamer Platz

Unübersehbar. Hier toben sich die Architekten aus, richten Weltfirmen ihre Repräsentanzen ein, ist ein großes Dienstleistungszentrum entstanden.
U/S-Bahn: Potsdamer Platz

Reichstagsgebäude

1884 bis 1894 errichtet, 1995 von Christo verhüllt und seit 1999 Sitz des Bundestages, Norman Fosters Glaskuppel ist nachts erleuchtet.
Platz der Republik; Bus 100; Kuppel tgl. 8–22 Uhr

Sammlung Berggruen

Berggruen stellte mit viel Geschick eine der bedeutendsten Sammlungen von Picasso, Cézanne, Klee und ihrer Zeitgenossen zusammen.
Schlossstr. 1, Charlottenburg; S-Bahn: Sophie-Charlotte-Platz, Bus 145; Di–Fr 10–18, Sa und So 11–18 Uhr

Unter den Linden

Die einstige Prachtstraße Berlins mit Neuer Wache, dem Deutschen Historischen Museum, Humboldt-Universität, Deutscher Staatsoper und Alter Bibliothek.
Bus 100

Am Potsdamer Platz in Mitte.

ESSEN UND TRINKEN

Wer an Berlin und Essen denkt, dem fällt oft als erstes die Currywurst ein. Mit Haut oder ohne, auf Papp- oder Porzellanteller, dazu Limo, Bier oder auch Sekt. Die Alternative ist der Döner, auch über ihn stolpert man fast überall.

Aber in der Hauptstadt hat sich in den letzten Jahren auch eine Spitzengastronomie entwickelt. Tester von Restaurantführern zeigen sich immer wieder begeistert: Aktuell besitzt Berlin sieben Michelin-Sterne. Deutsche Küche glänzt neben italienischer, österreichischer, mexikanischer oder asiatischer. Franzosen findet man nur selten, weniger werden auch die osteuropäischen Lokale, deren es in Ost-Berlin einst viele gab.

Bekannt ist die Berliner Weiße, also Weizenbier mit einem Schuss Himbeer- oder Waldmeistersirup. Kleinere Brauereien wagen sich verstärkt auf den Markt, Schwarzbier wurde wieder entdeckt. In den »In«-Bars trinkt man natürlich Cocktails.

GASTRO-HIGHLIGHTS

Lubitsch
Moderne Küche zwischen Stuck und Wandspiegeln. Im Sommer sitzt man angenehm auf der Boulevardterrasse.
Bleibtreustr. 47; Tel. 8 82 37 56; S-Bahn: Savignyplatz, U-Bahn: Uhlandstraße; Mo–Sa 10–1 Uhr, So 18–1 Uhr; ab 13 € AmEx MASTER VISA

Marjellchen
Ostpreußische Gerichte wie masurischer Braten und Sauerampfersuppe. Große Portionen.
Mommsenstr. 9; Tel. 88 83 26 76; S-Bahn: Savignyplatz, Mo–Sa 17–24 Uhr; ab 13 € CREDIT

Maxwell
Feines Bistro auf zwei Etagen und mit Terrasse in einem schönen Hof. Die Küche orientiert sich an Asien und dem Mittelmeer.
Bergstr. 22; Tel. 2 80 71 21; U-Bahn: Rosenthaler Platz; tgl. ab 18 Uhr; ab 13 €

Schinkel-Klause
Traditionelle deutsche Küche wie Königsberger Klopse und deftige Eintöpfe.
Unter den Linden 5; Tel. 20 26 84 50; S-Bahn: Unter den Linden; tgl. ab 11.30 Uhr: ab 13 €

XII Apostoli
Drinnen wie eine Kapelle, im Sommer ein herrlicher Garten, sehr beliebt; besser reservieren.
Bleibtreustr. 49; Tel. 3 12 14 33; S-Bahn: Savignyplatz, U-Bahn: Uhlandstraße; tgl. ab 10 Uhr; ab 13 €

Der Imbiss Konnopke ist als Currywurst-Instanz bekannt.

MERIAN-Tipps

IM FREIEN SPEISEN

Auch Berlin besitzt schöne Biergärten, z.T. direkt am Wasser. Der Prater wurde bereits 1837 eröffnet, man sitzt gemütlich unter Linden und Kastanien. Mittwochs mit Tanz.
Kastanienallee 7–9; Tel. 4 48 56 88; U-Bahn: Eberswalder Straße; Mo–Fr 16–24 Uhr, Sa, So 12–24 Uhr

BESTE CURRYWURST

Wer die beste Currywurst der Stadt sucht, findet sie bei Konnopke. Und wer keine mag, kann stattdessen die Buletten testen.
Schönhauser Allee 44a/Ecke Kastanienallee; U-Bahn: Eberswalder Straße; Mo–Fr 6–20 Uhr

NEBENKOSTEN IN €

1 Tasse Kaffee	1,90
1 Bier	2,40
1 Cola	1,60
1 Brot (ca. 500 g)	1,30
1 Schachtel Zigaretten	3,60
1 Liter Benzin	1,05
Fahrt mit Bus (Einzelfahrt)	2,00
Mietwagen/Tag	ab 40,00

Drei virtuose Designer stecken hinter dem Label Respectmen.

MERIAN-Tipps

SCHLEMMEN PUR

Die Delikatessenabteilung des KaDeWe ist sagenumwoben. Köstlichkeiten aus aller Welt, so etwa 1800 verschiedene Käsesorten, wollen gekauft und verspeist werden. Ein Feuerwerk für Augen und Magen.
Tauentzienstr. 21–24, Schöneberg; www.kadewe.de; U-Bahn: Wittenbergplatz

SCHUHE NACH MASS

Wer sich Maßschuhe anfertigen lassen möchte, sollte das Geschäft Trippen in den Hackeschen Höfen besuchen. Junge Leute fertigen und verkaufen hier ihre eigene Kollektion, nehmen aber auch Bestellungen an.
Rosenthaler Str. 40/41, Hof 3, Mitte; S-Bahn: Hackescher Markt

Das Kaufhaus Galeries Lafayette.

EINKAUFEN

Der Bär auf dem T-Shirt, das Brandenburger Tor im Mini-Format in Plastik – solcherlei Mitbringsel gibt es im Herzen Berlins an jeder Straßenecke. Beide haben mittlerweile Konkurrenz erhalten, denn das ostdeutsche Ampelmännchen läuft oder steht nun ebenfalls auf Lampen und Shirts, als Bücherstütze oder Kühlschrankmagnet.

Alles unter einem Dach vereinen das Einkaufszentrum Europa-Center in der Tauentzienstr. 9, die Friedrichstadtpassagen in der Friedrichstr. 67–76 und die Potsdamer Platz Arkaden in der alten Potsdamer Straße. Exklusiv sind die Leibnizkolonnaden zwischen Leibniz- und Wielandstraße.

Jenseits dieser Standards hat sich eine mutige, innovative Mode-Szene gebildet, deren junge Designer auf ihren Durchbruch in der Hauptstadt hoffen. In den Buchhandlungen liegen Bücher zu jeder Facette Berlins. Ostalgie-Shops sind nicht zu übersehen, Klassiker wie Porzellan von KPM, feine Budapester Schuhe oder Christo-Grafiken mit dem eingehüllten Reichstag dürfen natürlich auch nicht fehlen. Und jenseits der Hauptstraßen entdeckt man oft eine kleine Boutique mit außergewöhnlichem Schmuck oder fantasievollen Hutkreationen.

SHOPPING-HIGHLIGHTS

Confiserie Melanie
In diesem süßen Paradies werden Leckereien aus aller Welt verkauft.
Goethestr. 4, Charlottenburg; S-Bahn: Savignyplatz

Galeries Lafayette
Selbst wenn Sie nichts kaufen wollen – allein um die Architektur zu bestaunen lohnt der Weg.
Friedrichstraße, Mitte; U-Bahn: Französische Straße

Platten Pedro
Top-Plattenantiquariat: Welche alte Platte Sie auch suchen, dass Sie sie hier finden, ist sehr wahrscheinlich.
Tegeler Weg 100, Charlottenburg; U/S-Bahn: Jungfernheide

Respectmen
Mutige Farben und Schnitte unter Verwendung erstklassiger Stoffe für den Mann.
Neue Schönhauser Str. 14, Mitte; U-Bahn: Weinmeisterstraße

Türkenmarkt
Laut und lebhaft geht es hier zwischen den sehr bunten Marktständen zu.
Maybachufer, Kreuzberg; U-Bahn: Kottbusser Tor; Di und Fr 12–18 Uhr

AM ABEND

Die Auswahl ist gigantisch. 242 Kinos zählt Berlin zum Beispiel. Drei große Opern wetteifern miteinander, ebenso 15 Kabaretts, und neue, experimentierfreudige Theater konkurrieren mit den etablierten wie der Schaubühne. Welche andere Stadt kann schon mit 18 Kindertheatern aufwarten?

Bars eröffnen, werden zum Muss und müssen plötzlich schließen, weil die Szene weiterzieht. Andere ziehen Besucher an, weil hier Prominente aus Politik und Medien Stammgäste sind. Clubs öffnen und schließen in Schwindel erregendem Tempo und an immer neuen Orten, im Sommer locken große und kleine Konzerte im Freien.

Diese große Konkurrenz treibt jede Spielstätte, jedes Lokal voran, zwingt sie zu Innovation und Qualität. Und das ist auch gut so.

Wenn Sie wissen wollen, was während Ihres Besuches wo passiert, sollten Sie eines der Szenemagazine wie »Prinz« (erscheint monatlich) oder »Zitty« (14-tägig) kaufen.

NIGHTLIFE-HIGHLIGHTS

Bar jeder Vernunft

Showtime im Spiegelzelt, bekannte (z. B. Max Raabe, Meret Becker) und unbekannte Namen stehen hier auf dem Programm.

Schaperstr. 24; Wilmersdorf; Tel. 8 83 15 82; U-Bahn: Kurfürstendamm; 20.30 Uhr, Bar ab 19 Uhr

Clärchens Ballhaus

Erinnern Sie sich noch an die Tanzschule oder sollten Sie üben? Hier können Sie sich testen.

Auguststr. 24, Mitte; U-Bahn: Oranienburger Tor; Mi, Fr, Sa 19.30–1 Uhr

KulturBrauerei

Mal Lesungen, mal Diskussionen, mal Musik, dazu gutes Bier.

Schönhauser Allee 36/39, Prenzlauer Berg; Tel. 4 41 92 69; U-Bahn: Eberswalder Straße

Watergate

Klasse Club direkt in einem alten Lagerhaus an der Spree, ausgezeichnete Cocktails und große Whiskyauswahl.

Falckensteinstr. 49, Kreuzberg; U-Bahn: Schlesisches Tor; Do, Fr ab 23, Sa ab 24 Uhr

Würgeengel

Jazz und Whisky vom Feinsten, wer noch mehr will: Auch das Essen ist gut.

Dresdener Str. 122, Kreuzberg; U-Bahn: Kottbusser Tor; tgl. ab 19 Uhr

Besonders stilvolle Cafés gibt es unter den S-Bahn-Bögen.

MERIAN-Tipps

NOSTALGISCH SEIN

Eingerichtet wie in der DDR mit Originalmobiliar, Ostalgiefreunde kommen im Marietta voll auf ihre Kosten. Nur eine ruppige Bedienung gibt es nicht – Selbstbedienung ist angesagt.

Stargarder Str. 13; Prenzlauer Berg; Tel. 43 72 06 46; U-Bahn: Schönhauser Allee; tgl. ab 10 Uhr

WICHTIG SEIN

In der Bar am Lützowplatz sieht man und wird gesehen, die Champagnerauswahl ist beeindruckend, die der Cocktails nicht minder, der Tresen misst stolze 30 Meter.

Lützowplatz 7, Schöneberg; U-Bahn: Kurfürstenstraße; tgl. 17–3 Uhr

Über 40 Jahre alt: die Schaubühne.

Berlin
Innenstadt
Tiergarten
Tiergarten
Bund. Min. für Wirtschaft
Hamburger Bahnhof-Museum für Gegenwart
Humboldthafen
Univers.-klinikum Charité
Lehrter Stadtbhf.
Fritz-Schloß-Park
St.-Johannis-Kirche
Turmstr.
Dreysestr.
Bandelstr.
Rathenower Str.
Seydlitzstr.
Lehrter Str.
Otto-Dix-Str.
Invalidenstr.
Alt-Moabit
Washington-platz
F.-List-Ufer
Alexanderufer
Luisenstr.
Ludwig-Erhard-Ufer
Botsch. Schweiz
Willy-Brandt-Str.
Kanzler-garten
Bundeskanzler-amt
Paul-Löbe-Allee
Schiffbauerd.
Reichstagufer
Helgoländer Ufer
Calvinstr.
Lüneburger Str.
Paulstr.
Bellevue
Schloss Bellevue
Schloss-park Bellevue
Moabiter Werder
Spree
Haus der Kulturen der Welt/ Kongresshalle
Platz d. Republik
Reichstags-gebäude
Scheidemannstr.
Wilhelmstr.
John-Foster-Dulles-Allee
Sowjetisches Ehrenmal
Pariser Platz
Brandenburger Tor
Spreeweg
Großer Stern
Siegessäule
Str. des 17. Juni
Entlastungsstr.
Holocaust-Mahnmal
Hofjägerallee
Ebertstr.
Kemper-platz
Lennéstr.
Voßstr.
Tiergartenstr.
Philharmonie
Sony
Potsdamer Platz
Leipziger
Canisius-kolleg
Kultur-forum
Gedenkstätte Deutscher Widerstand
Stauffenbergstr.
Potsdamer Str.
Potsdamer Platz
Abgeordneten
Klingelhöferstr.
V.-d.-Heydt-Str.
Bauhaus-Archiv
Lützowufer
Reichpietschufer
Neue Nationalgalerie
Schöneberger Ufer
Eichhornstr.
Alt-Potsd. Str.
Linkstr.
Neue Promenade
Köthener Str.
Stresemannstr.
St.-Lukas-Kirche
Bernburger Str.
Lützowpl.
Schillstr.
Lützowstr.
Genthiner Str.
St. Ludgerus
Potsdamer Str.
Lützowstr.
Flottwellstr.
Mendelssohn-Bartholdy-Park
Schöneberger Str.
Courbièrestr.
Einemstr.
Kurfürstenstr.
Pohlstr.
Dennewitzstr.
Halleschesufer
Tempelhofer Ufer
Kleiststr.
Kurfürstenstr.
Nollendorfplatz
Bülowstr.
Kurfürstenstr.
Gleis-dreieck
Bülowstr.
Bülowstr.
Deut. Technik-museum Berlin
Potsdamer Str.
Möckernstr.
Yorckstr.

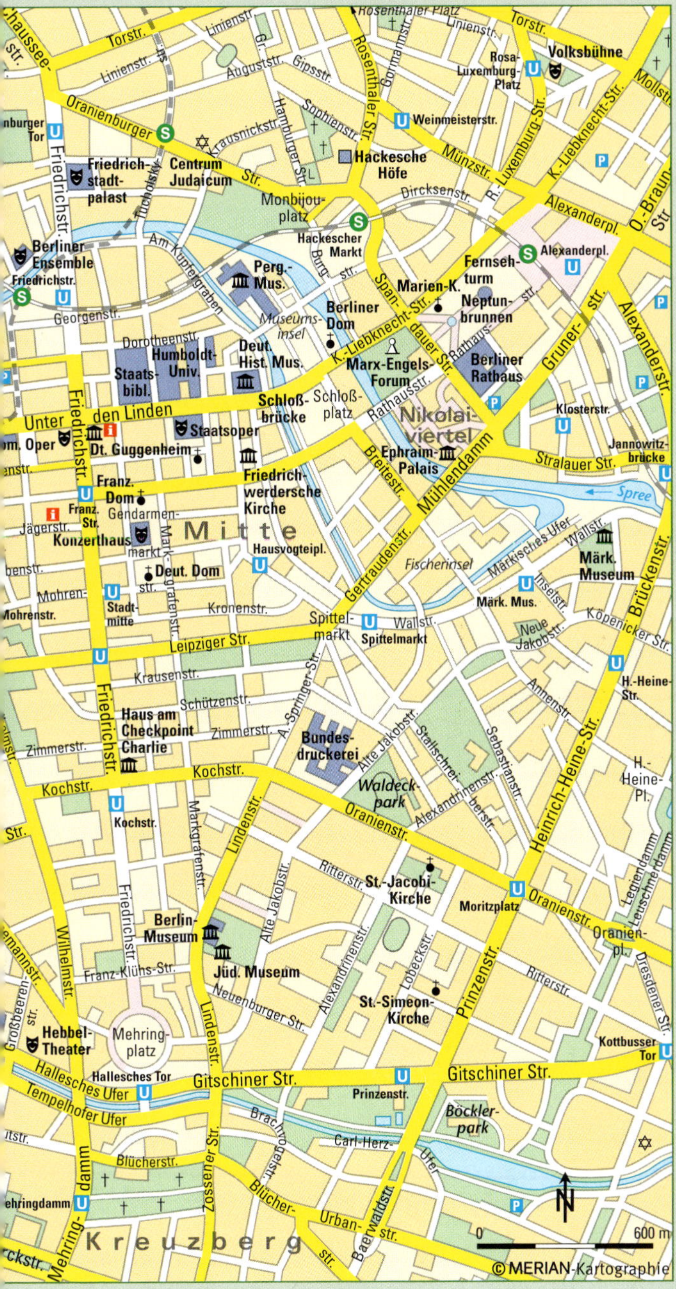
Mitte
Kreuzberg
Volksbühne
Rosa-Luxemburg-Platz
Weinmeisterstr.
Hackesche Höfe
Friedrichstadtpalast
Centrum Judaicum
Monbijouplatz
Hackescher Markt
Alexanderpl.
Fernsehturm
Marien-K.
Neptunbrunnen
Berliner Ensemble
Friedrichstr.
Perg.-Mus.
Museumsinsel
Berliner Dom
Marx-Engels-Forum
Berliner Rathaus
Humboldt-Univ.
Staatsbibl.
Deut. Hist. Mus.
Schloßbrücke
Schloßplatz
Nikolaiviertel
Unter den Linden
Staatsoper
Dt. Guggenheim
Ephraim-Palais
Friedrichwerdersche Kirche
Franz. Dom
Konzerthaus
Gendarmenmarkt
Deut. Dom
Hausvogteipl.
Fischerinsel
Märk. Museum
Märk. Mus.
Jannowitzbrücke
Spree
Stadtmitte
Spittelmarkt
Leipziger Str.
Haus am Checkpoint Charlie
Bundesdruckerei
Waldeckpark
Kochstr.
H.-Heine-Str.
H.-Heine-Pl.
St.-Jacobi-Kirche
Moritzplatz
Oranienpl.
Berlin-Museum
Jüd. Museum
St.-Simeon-Kirche
Hebbel-Theater
Mehringplatz
Hallesches Tor
Gitschiner Str.
Prinzenstr.
Kottbusser Tor
Böcklerpark
Mehringdamm
Hallesches Ufer
Tempelhofer Ufer
Blücherstr.
Urbanstr.
0
600 m
N
© MERIAN-Kartographie

ISTANBUL

In Istanbul treffen sich Europa und Asien, gehen Tradition und Moderne eine einzigartige Verbindung ein.

Die Hagia Sophia, einst als Kirche gestiftet, ist heute eine Moschee und das berühmteste Bauwerk der Stadt.

ISTANBUL MIT DEM SCHIFF

Eine **Bosporusfahrt** gehört zu den Highlights eines Istanbul-Besuchs. 31 km ist die Verbindung zwischen Marmara- und Schwarzem Meer lang, bis zu 3,5 km breit. An manchen Stellen stehen heute leider wirkliche Bausünden. Aber es existieren auch noch sehr reizvolle Abschnitte.

Am besten und günstigsten fährt man mit den Stadtdampfern. Nachfolgend einige vom Wasser aus erkennbare Beispiele von Süd nach Nord (E = europäisches Ufer, A = asiatisches Ufer).

Dolmabahçe (E): Palast mit Uhrturm und Moschee; **Beşiktaş** (E): Sehenswerter Stadtteil mit Militärmuseum; **Yılız** (E): zwei sehr schöne Paläste; **Ortaköy** (E): Künstlervorort, sonntags Kunsthandwerkermarkt; **Çengelköy** (A): Schöne Ufervillen; **Bebek** (E): Am Hang steht die Bosporus-Universität; **Anadolu Hisarı** (A): Burg von 1930; **Rumeli Hisarı** (E): Burg von 1452; **Baltalimanı** (E): Prächtige Ufervilla aus der Mitte des 19. Jh.; **Çubuklu** (A): alte Holzhäuser dominieren (noch); **Paşabahçe**: bekannt wegen der Glasfabrik; **Sarıyer** (E): Kleinstadt mit Hafen und Markt; **Rumeli Kavaği** (A): Fischerdorf mit guten Fischrestaurants.

ÜBERNACHTEN

Beğoşlu ist das traditionelle Hotelviertel Istanbuls. Es war zwischenzeitlich etwas heruntergekommen, erstrahlt heute aber wieder in altem Glanz. Es bietet eine Mischung aus Luxushäusern und kleinen Herbergen.

Sehr gut entwickelt hat sich auch Sultanahmet. Die ganz billigen Herbergen gibt es nicht mehr, an ihre Stelle sind gute, sehr persönlich geführte Häuser getreten. Wer stärker auf den Preis schaut, ist im Bahnhofsviertel Sirkeci gut aufgehoben.

Nicht zu empfehlen ist hingegen das Hotelviertel zwischen der Universität und dem Atatürk Bulvarı bei Aksaray. Kriminalität, Prostitution und überteuerte Geschäfte haben diese Gegend in die Tiefe gezogen.

Das bekannteste Hotel der Stadt, und auch eines der teuersten, ist das Pera Palas. Es besitzt ein Atatürk-Zimmer (Nr. 101) noch mit dem Original-Mobiliar aus jener Zeit, als der Vater der modernen Türkei hier nächtigte. Es ist jetzt als Museum eingerichtet. Der Kuchen der hauseigenen Patisserie ist empfehlenswert, ebenso die Bar. Außerhalb der Hauptsaison werden die Istanbuler Hotelzimmer mit erheblichen Rabatten angeboten.

Vom Galata-Turm aus sieht man ganz Istanbul.

MERIAN-Tipps

AM STRAND

Zu den reizvollsten Unterkünften außerhalb des Zentrums gehört das Gurup Oteli. Es liegt am Schwarzen Meer im Badeort Kilyos. Nur 50 m sind es bis zum Strand, toller Blick von der Terrasse auf das Meer.

Kale Ca., Terazi Altı 21/1, Kilyos; Tel. 2 01 11 94, Fax 2 01 12 66; 58 Zimmer; ab 40 € AmEx EURO VISA

HOTEL-HIGHLIGHTS

Büyük Hamit Oteli

Preiswerte und große Zimmer.

Gençtürk Cad. 72–74, 34470 Lâleli; Tel. 5 13 82 24-26, Fax 5 11 00 16; 88 Zimmer; ab 25 €

Sultan‘s Inn

Kleines Gästehaus mit schöner Dachterrasse.

Mustafa Pasa Sok. 50, Küçükayasofya Mah., Sultanahmet; Tel. 6 38 25 62, Fax 6 38 39 22; 17 Zimmer; ab 30 €

Tashkonak

Hübsches Hotel mit Terrasse und Garten sowie freiem Internetzugang.

Kücükayasofya Cad., Tomurcuk Sok. 5; 34410 Sultanahmet; Tel. 5 18 28 82, Fax 6 38 84 91; 20 Zimmer; ab 30 €

Villa Zürich

Schönes Hotel in einer sehr attraktiven Wohngegend.

Akarsu Cad. 44–46, 80060 Cihangir; Tel. 2 93 06 04, Fax 24 90 23; 45 Zimmer; ab 50 €

Yenişehir Palas

Palast ist vielleicht übertrieben, eher ein ordentliches Hotel, sehr zentral gelegen.

Oteller Sok. 1/3, 80050 Tepebş; Tel. 2 52 71 60, Fax 2 49 75 07; 178 Zimmer; ab 30 €

Luxushotel Čıragan Saray.

Die Süleymaniye-Moschee gilt als die schönste Istanbuls.

MERIAN-Tipps

UNTERIRDISCH
Die 336 Säulen von je 8 m Höhe in der im 6. Jh. errichteten Yerebatan Sarayı (Yerebatan-Zisterne) sind ein atemberaubender Anblick.
Yerebatan Cad., Sultanahmet; Tramhaltestelle Sultanahmet, Buslinie 210; tgl. 9–17.30 Uhr

ÜBERIRDISCH
Wahre Teppichkunst können Sie im Teppichmuseum bestaunen. Viele wurden aus Moscheen geraubt.
Sultanahamet Camil Yanı; Tramhaltestelle Sultanahmet, Buslinie 210; Di–Sa 9–12 und 13–16 Uhr

TOPKAPI PALAST
Jahrhundertelang der Hauptsitz des Sultans: drei Höfe, besonders beeindruckend das Gebäude des großherrlichen Divans.
Sarayiçi, Sultanahmet; Tramhaltestelle Sultanahmet, Buslinie 210; tgl. außer Di 9.30–17 Uhr

Der Topkapı-Palast.

SIGHTSEEING

1500 Jahre lang war Istanbul Hauptstadt verschiedener Kaiserreiche, folglich entstanden hier großartige Bauwerke. Wenig ist aus römischer Zeit erhalten, mehr aus byzantinischer. Viele Kirchen aus dieser Epoche sind heute zu Moscheen geworden.

Beim Besuch einer Moschee müssen Besucher ihre Beine bedecken, Frauen außerdem Kopf und Schultern. Oft kann man am Eingang Tücher leihen. Schuhe werden ausgezogen, Sandalenträger müssen die Füße säubern.

Leider sind viele der großartigen Kulturschätze, die Istanbul einst besaß, nach Europa und Nordamerika geschmuggelt worden. Dennoch lohnt ein Besuch der Museen, gute Kataloge oder fremdsprachige Führungen sind allerdings selten.

Wer sich für moderne Kunst interessiert, sollte die Galerien in den Vierteln Beyoğlu, Kadiköy und Nişantaşı/Teşvikiye aufsuchen.

SIGHTSEEING-HIGHLIGHTS

Arkeoloji Müzeleri (Archäologische Museen)
Eine der bedeutendsten Antikensammlungen der Welt, u.a. mit dem »Pavillon mit den Fliesen« sowie dem Alexandersarkophag.
Gülhane Parkı, Sarayiçi; Tramhaltestelle Gülhane Parkı; Di–So 9.30–16.30 Uhr; die Altorientalische Sammlung nur Mi, Fr und So, der Çinili Köşk (Keramik- und Fliesensammung) Di, Do und Sa geöffnet

Ayasofya (Hagia Sophia)
Mit der berühmten Kuppel das Wahrzeichen der Stadt. Es wurde Mitte des 6. Jh. errichtet. Für das Innere sollte man sich viel Zeit nehmen.
Sultanahmet Meydanı, Sultanahmet; Tramhaltestelle Sultanahmet, Buslinie 210; tgl. außer Mo 9.30–16.30 Uhr

Süleymaniye Camii
Der größte Stiftungskomplex der Stadt und ein architektonisches Meisterwerk. Im Vorhof steht die Moschee, weiter hinten liegt der Friedhof. Die Innengestaltung ist schlicht, aber von erlesener Qualität.
Süleymaniye Cad., Küçükpazar; Tramhaltestelle Beyazıt sowie Buslinie 71T, Dolmuş-Endstelle Vezneciler

Sultan Ahmed Camii (Blaue Moschee)
Die Moschee wirkt größer, als sie tatsächlich ist. Im Innenraum dominieren die vier Elefantenfüße, die meisten der 21 000 Wandfliesen sind tatsächlich blau.
Sultanahmet Meydanı, Sultanahmet; Tramhaltestelle Sultanahmet, Buslinie 210

ESSEN UND TRINKEN

Die türkische Küche vereint Einflüsse aller Himmelsrichtungen. Menschen aus Anatolien, dem Balkan, Arabien und Kaukasien beeinflussten die Speisekarte, in den letzten Jahren sind weitere internationale Akzente hinzugekommen.

Sie haben die Wahl zwischen sehr einfachen und sehr kunstvoll zelebrierten Mahlzeiten. Vielleicht reicht Ihnen ja »kumpir«, die gebackene Kartoffel mit Beilagen. Oder ein »döner salonu«, achten Sie aber darauf, dass kein Hack dabei ist. In Lokalen, die als »kebap salonu« oder »lokanta« bezeichnet werden, ist die Auswahl etwas größer.

Die wichtigste Mahlzeit wird abends eingenommen, in einem »meyhane« (Restaurant mit Alkoholausschank), einem besseren »lokanta« oder »restoran« (Restaurant). Zuerst wird eine kalte Vorspeisenauswahl, »mezeler«, serviert, anschließend die raffinierten Zwischengerichte, »sıcak mezeler« oder »ara sıcaklar«. Das Hauptgericht besteht z. B. aus einem Stück gegrilltem Fisch oder Fleisch.

GASTRO-HIGHLIGHTS

Çatı

Gutes »börek« (Blätterteigspeisen) in einem Dachgeschoss, teils auf offener Terrasse, Livemusik, besser reservieren.

Orhan Apaydın Sok. 20/7, Beyoğlu; Tramhaltestelle Tünel; Tel. 2 51 00 00; Mo–Sa 12–1 Uhr; ab 10 € EURO VISA

Deniz Park (Aleko'nun Yeri)

Eines der besten Fischrestaurants der Stadt, direkt am Wasser, Reservierung angeraten.

Daire Sok. 9, Yeniköy; Dampfer- und Bushaltestelle Yeniköy; Tel. 2 62 04 15; tgl. 11–24; ab 12 €

Hamdi Et Lokantası

Kebab-Lokal auf einer Dachterrasse, Spezialität ist der Kebab mit Pflaumen.

Tahmis Cad., Kalçın Sok. 17, 34400 Eminönü; Tel. 5 28 03 90; ab 10 € AmEx EURO VISA

Nature and Peace

Ausgezeichnete Schwarzmeer-Küche, gutes Angebot für Vegetarier, kein Schlachtfleisch.

Büyükparmakkapı Sok. 21, Beyoğlu, Nähe Verkehrsknotenpunkt Taksim; Tel. 2 52 86 09; ab 12 € AmEx EURO VISA

Rejans

Traditionsreiches Restaurant und Interieur. Von Weißrussen begründet, guter Wodka.

Emir Nevruz Sok. 17, Galatasaray, Beğoşlu; Tramhaltestelle Galatasaray; Tel. 2 44 16 10; Mo–Sa 12–15, 19–23 Uhr; ab 10 €

Türkischer Snack: Frische Sesamkringel werden überall angeboten.

MERIAN-Tipps

GEWUSST WAS

Zum Essen wird neben Wasser »rakı« (Anisschnaps), »bira« (Bier) oder ein trockener türkischer Wein (»şarap«) getrunken. »Ayran« besteht aus Joghurt, Wasser und Salz. Nach dem Essen trinkt man »çay« (Tee) oder »kahve« (Kaffee): »sade« (ungesüßt), »orta« (leicht gezuckert) oder »şekerli« (süß).

GEWUSST WO

Wer sich nicht für ein Restaurant entscheiden kann, findet im Çiçek Pasajı eine ganze Ansammlung und kann sich das passende Lokal aussuchen.

Galatasaray çarşısı, Beyoğlu; Tramhaltestelle Galatasaray; tgl. 11–1 Uhr; ab 10 €

NEBENKOSTEN IN €

1 Tasse Kaffee 1,50

1 Bier 2,00

1 Cola 1,00

1 Brot (ca. 500 g) 0,25

1 Schachtel Zigaretten 1,00–2,00

1 Liter Benzin 1,00

Fahrt mit Bus (Einzelfahrt) 0,40

Mietwagen/Tag .... ab 50,00

Seit 500 Jahren wird im Großen Basar gefeilscht und gehandelt.

MERIAN-Tipps

KLEINE TEPPICHKUNDE

Lassen Sie sich nicht von einem Reiseleiter zu einem Händler führen, denn seine Provision bezahlen Sie mit. Wissen sollten Sie, dass sich der Preis nach dem Alter, der Dichte der Knoten oder des Gewebes sowie dem Material bemisst. Knüpfteppiche heißen »halı« und haben pro Quadratzentimeter 500 bis 10 000 Knoten. Webteppiche heißen »kelım«. Billiger wird der Teppich, sobald Baumwolle oder Synthetik beigemischt sind. Empfehlenswerte Geschäfte finden Sie im Großen Basar und im Arasta Çarşısı hinter der Sultan-Ahmed-Moschee.

Traditioneller Goldschmuck.

EINKAUFEN

Einkaufen in Istanbul ist sehr kontrastreich. Da gibt es die glitzernden, klimatisierten Konsumtempel voller Markenmode und Fastfood-Buden. Sie erfreuen sich gerade unter jungen Leuten großer Beliebtheit.

Auf der anderen Seite locken die traditionellen Basare: Der beeindruckendste ist sicherlich der Große oder Gedeckte Basar. Unterschieden wird zwischen festen Einkaufsvierteln (»çarşı«), in denen die Geschäfte nach Branchen gruppiert sind, und den Wochenmärkten (»pazar«).

Das traditionelle Einkaufsviertel ist die İstiklâl Caddesi, nun für den Durchgangsverkehr gesperrt. Hier finden Sie Geschäfte jeder Art und Preisklasse, eine trubelige Fußgängerzone, die den Besuch wirklich lohnt. Nobler ist es in den Vierteln Nişantaşı und Osmanbey sowie auf der asiatischen Seite in Bağdat Caddesi. Beachten Sie bitte, dass im Basar gehandelt werden kann, im Einkaufszentrum nicht. Und vergessen Sie nicht, sich beim Kauf von Antiquitäten und Teppichen eine Quittung geben zu lassen. Für Antikes, das älter als 100 Jahre ist, brauchen Sie eine Ausfuhrgenehmigung der Museumsverwaltung der Provinz.

SHOPPING-HIGHLIGHTS

Çukurcuma

In diesem Viertel haben sich sehr viele Antiquitätengeschäfte angesiedelt, allein das Schauen macht schon Spaß.

Çurkuma Cad., Altıpatlar Sok., Ağahamamı Sok

Horhor Bit Pazarı

Angeblich Flohmarkt, tatsächlich aber 100 Geschäfte auf fünf Etagen mit neuem Kunsthandwerk.

Kırık Tulumba Sok. 13, Aksaray

Kapalı Çarşı (Gedeckter Basar)

Das beeindruckendste Einkaufserlebnis der Stadt, und das schon seit 500 Jahren. 3000 Läden, in denen heftigst gefeilscht wird.

Mo–Sa 8–19 Uhr

Paşabahçe

Gute Glaswaren, vernünftige Preise. Mehrfach in der Stadt vertreten.

İstiklâl Cad. 314, Tünel; Tramhaltestelle Galatasaray

Picasso

Kleiner Laden mit toller Auswahl, hier werden Schuhe und Taschen noch selbst gemacht.

İstiklâl Cad. 120/4, Beyoğlu; Tramhaltestelle Galatasaray

AM ABEND

Istanbul bietet eine große Zahl guter Clubs und Kneipen. Vielleicht versuchen Sie es einmal an der Flaniermeile İstiklâl Caddesi oder direkt am Bosporus. Viele Clubs haben sich auf eine bestimmte Musikrichtung spezialisiert und sind weniger globalisiert als die Hotelbars, die aber auch reizvoll sein können, so z. B. das Merit Antique oder das Hyatt Regency Hotel.

Im Sommer sollten Sie an der Rezeption nach aktuellen Freiluftkonzerten fragen. Sie finden z.B. unterhalb des Topkapı-Palastes und in der Burg Rumeli Hisan statt und gehören zu den größten Attraktionen Istanbuls.

Eine interessante Alternative können auch Kinos sein, denn die Filme werden immer im Original mit Untertiteln gezeigt. Aus sprachlichen Gründen schwieriger wird es wohl eher mit einem Theaterbesuch. Da eignen sich eher Opern oder klassische Konzerte, deren Niveau meist sehr ordentlich ist.

Gewarnt werden muss vor den »gazino«, Lokalen, vor denen Schlepper versuchen, Sie mit Bauchtanz und Hostess hineinzulocken. In diesen Häusern wird man mit größter Sicherheit über den Tisch gezogen.

NIGHTLIFE-HIGHLIGHTS

Babylon

Laut, schrill, Party und Disko nonstop.
Şehbender Sok. 3, Asmalımescit; Tramhaltestelle Tünel; tgl. 21–2 Uhr

Hayal Kahvesi

An der Einrichtung wurde gespart, dafür gibt es eine Klimaanlage sowie ab 23 Uhr Livemusik.
Büyük Parmakkapı Sok. 19, Beyoğlu; Verkehrsknotenpunkt Taksim; tgl. 11–2 Uhr

Kaktüs

Café und Bar mit kleinen Mahlzeiten, im Sommer auch draußen Tische.
İmam Adnan Sok. 4, Beyoğlu; Verkehrsknotenpunkt Taksin; tgl. 8–2 Uhr

Kerem Görsev Jazz Bar

Sehr populäre Jazzkneipe, Livemusik ab 23 Uhr, leckere Cocktails.
Teşvikiye Reasürans Çarşısı; Metrostation Osmanbey; Tel. 2 31 39 50; tgl. außer So ab 18 Uhr

Roxy

Große Bar im Keller, mal Rock, mal Jazz, immer kleine Imbisse.
Arslan Yataği Sok., Taksim; tgl. 18–3.30 Uhr

Istanbuler Kinos zeigen Filme grundsätzlich in Originalsprache.

MERIAN-Tipps

ZWEI IN EINS

Vielleicht möchten Sie Kino und Café kombinieren? Im Kafika können Sie sich einen der ca. 700 Filme ausssuchen (mit Untertiteln), sich mit mindestens drei Begleitern in einen der sechs Kinoräume setzen und zugleich den Caféservice nutzen.
Bolahenk Sok. 8, Cihangir; Tel. 2 44 51 67 (Reservierung für Filme); Verkehrsknotenpunkt Taksim; tgl. 11.30–1 Uhr

VIER IN EINS

Alles unter einem Dach: Im Keller das Café Nisvan, im ersten Stock eine Bar, im zweiten Andon Sport mit Dart und Billard, im dritten Stock die Disko. Das Gesamtkunstwerk heißt Andon.
Sıraselviler Cad. 89/2, Taksim; tgl. 10.30–23 (Café), 18–2 (Bar und Sport), 21.30–2 (Disko) Uhr

Der Abend kann beginnen…

Der aufwendig restaurierte Bahnhof Sirkeci.

MERIAN-Tipps

TAXIS
Der schnellste und bequemste Weg, in der Stadt herumzukommen, sind die ausgesprochen günstigen Taxis. Bestehen Sie darauf, dass der Taxameter in Betrieb gesetzt wird. Von Mitternacht bis 6 Uhr morgens gilt Nachttarif (Schriftzug »gece«, blaues oder rotes Lämpchen auf dem Taxameter).

MOBIL IN ISTANBUL

INNERSTÄDTISCHE BUSSE (»OTOBÜS«)

Die blau-grünen, blau-orangen und orange-weißen städtischen und privaten Autobusse sind die billigsten Verkehrsmittel. Fahrpläne gibt es kaum, an jedem Bus steht vorne, wohin er fährt. In diesem Führer wird nur auf die wenigen Linien verwiesen, auf denen Doppelstockbusse verkehren. Sie nehmen Passagiere nur mit, solange Sitzplätze vorhanden sind, verlangen aber auch einen erhöhten Fahrpreis (etwa 0,80 €). Bustickets (»bilet«) sind an größeren Stationen (auf Vorrat kaufen!) oder bei fliegenden Händlern erhältlich. Beim Einsteigen wirft man eines pro Fahrt in den Kasten neben dem Fahrer. Praktisch ist das elektronische Ticket »Akbil«, das für alle öffentlichen Verkehrsmittel außer den Dampfern gilt. Man bekommt es an Verkehrsknotenpunkten und kann es dort auch immer wieder aufladen lassen.

SAMMELTAXIS (»DOLMUŞ«)

Die alten amerikanischen Straßenkreuzer und Minibusse, die als Sammeltaxis verkehren, fahren immer erst dann los, wenn alle Plätze besetzt sind. Trotzdem nehmen sie – wie auch immer das geht – noch Passagiere am Weg auf. Für Touristen interessant sind vor allem die Minibusse vom Taksim (vor dem Atatürk Kitaplıgı, Mete Cad.) nach Sarıyer, von Vezneciler zwischen Universität und Kalenderhane-Moschee nach Edirnekapı und von Taksim-Gümüşsuyu nach Beşiktaş-Fußgängerüberführung. Der Fahrpreis beträgt zwischen 0,25 und 0,50 €; er ist im Wagen zu zahlen. Zwischen Eminönü und Üsküdar bzw. Kadıköy und zwischen Beşikta, und Üsküdar verkehren »motor«, die das bewährte Prinzip der Sammeltaxis auf das Wasser übertragen.

SEEBUSSE (»DENIZ OTOBÜSLERI«)

Katamarane mit mehreren hundert Sitzplätzen verkehren in erstaunlicher Geschwindigkeit zwischen weiter voneinander entfernten Stadtteilen. Die zu entrichtenden Fahrpreise liegen je nach Entfernung zwischen 1 und 4 € (zum Beispiel für die Fahrt nach Yalova).

TRAMBAHNEN (»TRAMVAY«)

Die nostalgische Trambahn zwischen Taksim-Platz und Tünel und die modernen Trambahnlinien in und aus der Altstadt heraus sind zuverlässige und verhältnismäßig schnelle Verkehrsmittel. Das Ticketsystem funktioniert im Prinzip wie bei

Sammeltaxi auf dem Wasser.

den Bussen, nur werden die Fahrscheine (0,25 €) bei der modernen Straßenbahn beim Zutritt zum Bahnsteig eingeworfen.

UNTERGRUNDBAHN (»TÜNEL« UND »METRO«)

Seit dem Jahr 2000 verkehrt endlich die erste richtige Untergrundbahn (»Metro«), vom Taksim nach Norden in das Geschäftsviertel Levent. Sie ist ziemlich schnell, aber für den Touristen nur in wenigen Ausnahmefällen interessant. Bis zur Fertigstellung der Metro war die wenige hundert Meter lange Linie zwischen Karaköy und dem Ende der Istiklâl Caddesi aus dem Jahr 1874 die einzige echte Untergrundbahn der Stadt.

VORORTBAHNEN (»BANLIYÖ TRENI«) UND FERNBUSSE

Auf den Überlandstrecken fahren die verhältnismäßig schnellen, aber spartanisch eingerichteten Vorortbahnen mehr oder weniger die Küsten des Marmarameeres entlang. Wichtig zu wissen: Die Tickets beim Aussteigen unbedingt aufbewahren, sie werden an den Ausgängen eingesammelt!

Fernbusse sind das wichtigste Verkehrsmittel bei Ausflügen zum Beispiel an die türkische Westküste. Busfahren ist billig, Komfort und Reisegeschwindigkeit verdienen meist gute Noten. Der Busbahnbof in Esenler ist mit der schnellen Trambahn von Eminönü gut erreichbar. Wer allerdings laute Kassettenmusik verabscheut, sollte sich doch lieber einen Mietwagen nehmen.

MIETWAGEN

Mietwagenpreise beginnen bei etwa 35 € pro Tag. Alle größeren internationalen Verleihfirmen haben eine oder mehrere Niederlassungen in Istanbul, dazu kommen nur hier in Istanbul vertretene kleinere Verleihe.

AUTOFAHREN IN ISTANBUL

Wegen des chaotischen Verkehrs und der immensen Parkplatzprobleme ist die Benutzung eines Autos nur in Ausnahmefällen eine vernünftige Entscheidung. Auf jeden Fall sollte man eine Versicherung abschließen, die auch auf der asiatischen Seite des Bosporus gültig ist. In Notfällen ist der ADAC in Istanbul unter der Nummer 02 12/2 88 71 90 zu erreichen. Bei schweren Unfällen wenden Sie sich an den ADAC in München (Tel. 0 89/22 22 22, für Krankenheimholung 0 89/76 76 76).

Stadtdampfer verbinden asiatisches und europäisches Ufer.

MERIAN-Tipps

STADTDAMPFER (»ŞEHIRHATLARı«)

Die gemütlichen städtischen Dampfer (mit eigenem Getränkeservice) verkehren zwischen den wichtigsten Stadtteilen an der Küste, zu den Prinzeninseln und über das Marmarameer – leider nicht immer häufig genug. Die Münzen (»jeton«), die zur Mitfahrt berechtigen, kosten etwa 0,50 €, Kinder, die unter dem Stahlbügel am Eingang passieren können, dürfen kostenlos mitfahren.

Galata vom Wasser aus.

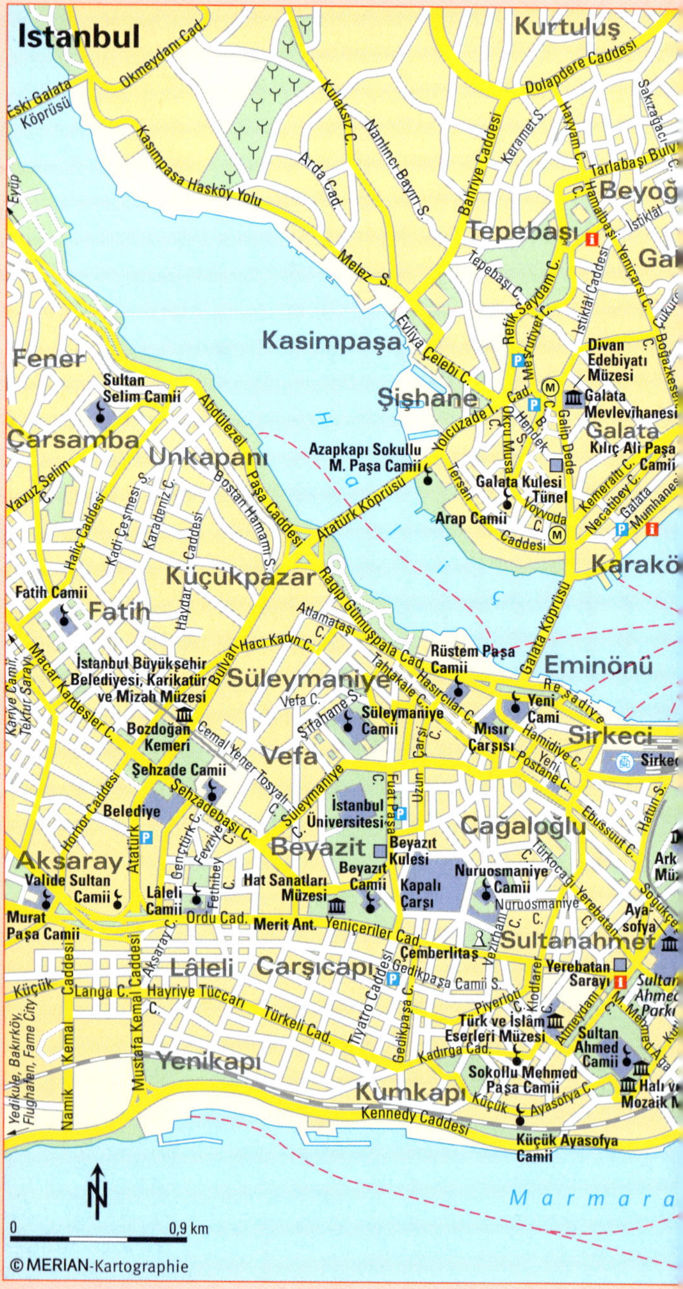
Istanbul
Kurtuluş
Dolapdere Caddesi
Eski Galata Köprüsü
Okmeydanı Cad.
Kasımpaşa Hasköy Yolu
Kulaksız C.
Nanlıncı Bayırı S.
Arda Cad.
Bahriye Caddesi
Keramet S.
Hayyam C.
Tarlabaşı Bulv.
Hamalbaşı C.
Beyoğ
Eyüp
Tepebaşı
Tepebaşı C.
Melez S.
Refik Saydam C.
Meşrutiyet C.
İstiklal Caddesi
Yeniçarşı C.
Boğazkesen C.
Kasimpaşa
Evliya Çelebi C.
Fener
Divan Edebiyatı Müzesi
Galata Mevlevihanesi
Galata
Kılıç Ali Paşa Camii
Şişhane
Sultan Selim Camii
Abdülezel Paşa Caddesi
Çarsamba
Unkapanı
Yolcuzade İ. Cad.
Okçu Musa C.
Hendek S.
Galip Dede
Azapkapı Sokullu M. Paşa Camii
Tersane
Galata Kulesi
Tünel
Kemeraltı C.
Necatibey C.
Galata Mumhanesi
Yavuz Selim C.
Kadı Çeşmesi S.
Karadeniz C.
Haliç Caddesi
Bostan Hamamı S.
Atatürk Köprüsü
Arap Camii
Voyvoda C.
Caddesi
Karakö
Haliç
Küçükpazar
Haydar Caddesi
Fatih Camii
Fatih
Ragıp Gümüşpala Cad.
Atlamataşı C.
Galata Köprüsü
Rüstem Paşa Camii
Eminönü
Kariye Camii, Tekfur Sarayı
Macar Kardeşler C.
İstanbul Büyükşehir Belediyesi, Karikatür ve Mizah Müzesi
Bulvarı
Hacı Kadın C.
Süleymaniye
Tahtakale C.
Hasırcılar C.
Reşadiye
Yeni Cami
Vefa C.
Şifahane S.
Süleymaniye Camii
Mısır Çarşısı
Hamidiye C.
Sirkeci
Bozdoğan Kemeri
Cemal Yener Tosyalı C.
Vefa
Çarşı C.
Yeni Postane C.
Şehzade Camii
Şehzadebaşı C.
Horhor Caddesi
Belediye
Süleymaniye C.
İstanbul Üniversitesi
Fuat Paşa C.
Uzun C.
Cağaloğlu
Ebussuud C.
Hatun S.
Gençtürk C.
Fevziye C.
Atatürk
Aksaray
Beyazit
Beyazıt Kulesi
Türkocağı C.
Valide Sultan Camii
Lâleli Camii
Fethibey C.
Hat Sanatları Müzesi
Beyazıt Camii
Kapalı Çarşı
Nuruosmaniye Camii
Nuruosmaniye C.
Yerebatan C.
Ayasofya
Murat Paşa Camii
Ordu Cad.
Merit Ant.
Yeniçeriler Cad.
Aksaray C.
Vezirhanı C.
Sultanahmet
Çemberlitaş
Küçük Langa C.
Lâleli
Çarşıcapı
Gedikpaşa Camii S.
Yerebatan Sarayı
Sultan Ahmet Parkı
Mustafa Kemal Caddesi
Hayriye Tüccarı C.
Türkeli Cad.
Tiyatro Caddesi
Gedikpaşa C.
Piyerloti C.
Klodfarer C.
Türk ve İslâm Eserleri Müzesi
Atmeydanı C.
Sultan Ahmed Camii
Yedikule, Bakırköy, Flughafen, Fame City
Namık Kemal Caddesi
Yenikapı
Kadırga Cad.
Sokollu Mehmed Paşa Camii
Halı ve Mozaik M.
Kumkapı
Küçük Ayasofya C.
Kennedy Caddesi
Küçük Ayasofya Camii
Marmara
0
0,9 km
© MERIAN-Kartographie

Müzesi
Heykel Müzesi
Deniz Müzesi
Sarıyer, Deniz parkı
Beşiktaş
Taşlik Parkı
Dolmabahçe C.
Cumhuriyet C.
Taksim Parkı
Taksim
İnönü Stadyumu
Dolmabahçe Sarayı
Atatürk Kültür Merkezi
Taksim Meydanı
İnönü Caddesi
Dolmabahçe
Sıraselviler C.
Meclisi Mebusan Caddesi
Kabataş
Dt. Krankenhaus
Cihangir
Anadolu Hisarı, Hidiv Kasri
Boğaziçi
Mihrimah Camii
Üsküdar
ophane
Yeni Valide Camii
Şemsipaşa C.
Şemsipaşa
Uncular
Hakimiyeti Milliye C.
Tulumbacılar S.
Ayazma Camii
Doğancılar Caddesi
Salacak İskele S.
Kız Kulesi
Atik Valide Camii
Salacak
Halk Caddesi
Tunus Bağı Cad.
Üsküdar Harem Sahil Yolu
Tıbbiye C.
Topkapı Sarayı
Harem
Selimiye Camii
Selimiye Kışlası
Selimiye
Reşat Paşa Konağı
Denizi
Büyükada_Bostancı
Haydarpaşa Garı

LISSABON

Aufgrund des maurischen Erbes weht hier ein Hauch von Orient, die belebten Bootsanleger am Tejo sehen sogar asiatisch aus.

Einer der schönsten Aussichtspunkte der Stadt, der Miradouro de Santa Luzia.

LISSABON ZU FUSS

Sie starten am **Palácio Foz** und fahren zunächst mit dem Aufzug **Elevador da Gloría** hinauf zum **Miradouro São Pedro de Alcântara.** Genießen Sie erst einmal den Ausblick auf die Unterstadt, bevor Sie vielleicht im Portweininstitut in der Rua de São Pedro de Alcântara 45 einen Probierschluck zu sich nehmen. Es öffnet aber erst um 14 Uhr, sonn- und feiertags ist es geschlossen.

Hangabwärts liegt der kleine Platz Largo Trindade Coelho mit der Kirche **Igreja de São Roque** und dem **Museu de Arte Sacra.** Weiter auf der **Rua da Misericórdia,** vielleicht möchten Sie ja in eines der vielen Antiquitätengeschäfte einen Blick werfen. Schließlich erreichen Sie die **Praça Luís de Camões.**

Über Largo do Chiado und die Rua Garrett erreichen Sie den im Jahr 1902 konstruierten **Elevador de Santa Justa,** einen weiteren Aufzug, der Sie wieder in die Unterstadt bringt. Unterwegs können Sie noch einen Stopp im traditionsreichen Café **A Brasileira** einlegen, seit 1906 über viele Jahre ein beliebter Treffpunkt von Literaten, Künstlern und Journalisten. Davor steht das Denkmal für den bekannten Schriftsteller Fernando Pessoa.

ÜBERNACHTEN

Fünf Sterne stehen für Hotels für höchste Ansprüche, ein Stern für einfachsten Standard. Pensionen werden in ein Vier-Sterne-System eingeteilt, außerdem gibt es noch »Residencial«-Pensionen (nur Frühstück) und »Albergarias« (wie eine Pension der höchsten Kategorie).

Sehr beliebt sind natürlich Unterkünfte der mittleren und unteren Preiskategorie. Sie sind schnell ausgebucht und sollten deshalb so früh wie möglich reserviert werden. Das gilt insbesondere für die Sommermonate. Preiswerte Hotels und Pensionen liegen in großer Zahl an der Praça da Figueira und nahe dem Rossio.

Wer sich für eine Unterkunft im unmittelbaren Zentrum entscheidet, sollte ein Zimmer nach hinten hinaus wählen, sonst können die Nächte sehr laut sein. Ist Ihnen die Innenstadtlage nicht so wichtig, bieten sich ruhigere Vorort wie Belém oder Lapa an. Sie können Ihr Hotel kostenlos beim Lissaboner Tourismus-Büro buchen.

HOTEL-HIGHLIGHTS

Borges
Modernisiertes Hotel mit Klimaanlage und TV, sehr zentral gelegen, junges Publikum.
Rua Garrett 108; Metro: Baixa Chiado; Tel. 2 13 46 19 51, Fax 2 13 42 66 17; 100 Zimmer; ab 30 € AmEx EURO VISA

Executive
Neues, freundliches Mittelklassehotel in modernem Gebäude.
Avenida Conde de Valbom 56-62; Metro: Saldanha; Tel. 2 17 95 11 57, Fax 2 17 95 11 66; 72 Zimmer; ab 60 € CREDIT

Florescente
Einfach, aber sauber und ruhig gelegen. Die Zimmer haben nur teilweise ein eigenes Bad.
Rua Portas de Santo Antão 99; Metro: Restauradores; Tel. 2 13 42 66 09; 80 Zimmer; ab 25 €

Miraparque
Einfach ausgestattet, doch ruhige Lage am Parque Eduardo VII.
Avenida Sidónio Pais 12; Metro: Parque; Tel. 2 13 57 80 70, Fax 2 13 57 89 20; 100 Zimmer; ab 60 € CREDIT

Suiço Atlantico
Geschmackvoll eingerichtete Zimmer mit sehr freundlichem Service. Die Zimmer im 4. und 5. Stock gewähren einen schönen Ausblick.
Rua da Glória 3; Metro: Restauradores; Tel. 2 13 46 17 13, Fax 2 13 46 90 13; 90 Zimmer; ab 30 € CREDIT

Aufzüge verbinden Ober- und Unterstadt – hier Elevador de Santa Justa.

MERIAN-Tipps

STILVOLL
In einem einstigen Kloster ist das York House, eine stimmungsvolle Albergia, eingerichtet. Die Zimmer sind mit Antiquitäten ausgestattet, herrlicher Innenhof mit alten Bäumen.
Rua das Janelas Verdes 32; Bahnhof: Santos; Tel. 2 13 96 24 35, Fax 2 13 97 27 93; www.yorkhouselisboa.com; 34 Zimmer; ab 100 € CREDIT

AUSSERHALB
Das Torre liegt ruhig nahe dem Torre de Belém und dem Hieronymuskloster.
Rua dos Jerónimos 8; Bahnhof: Belém; Tel. 2 13 61 69 40, Fax 2 13 61 69 46; 50 Zimmer; ab 30 € CREDIT
Das Berna liegt nördlich des Zentrums nahe dem Campo Pequeno.
Avenida António Serpa 11-13; Metro: Campo Pequeno; Tel. 2 17 81 43 00, Fax 2 17 93 62 78; www.viphotels.com; 152 Zimmer; ab 30 € CREDIT

Innenhof des York House.

Wunderschöne Kacheln im Café des Museu do Azulejo.

MERIAN-Tipps

HOCH UND RUNTER

Der 32 m hohe, frei stehende Aufzug Elevador de Santa Justa wurde 1901 eingeweiht. Unten warten viele Cafés und Geschäfte auf Kundschaft, von oben hat man einen herrlichen Blick auf die Unterstadt. Nicht zuletzt dank seiner neugotischen Außengestaltung ist er eine der größten Attraktionen der Stadt.

Rua de Santa Justa; Metro: Rossio, 7–23 Uhr, So ab 9 Uhr

VON WEST NACH OST

Die »Eléctricos« genannten elektrischen Straßenbahnen rattern noch immer durch die Stadt. Die berühmteste Linie ist die 28, die Sie auf hügeligem Parcours vorbei an fast allen Highlights Lissabons bringt.

Der Eléctrico Nr. 28.

SIGHTSEEING

Lissabon ist laut und leise, anstrengend und reizvoll. Eine facettenreiche Museumslandschaft, bezaubernde Altstadtgassen, repräsentative Bauten, gemütliche Lokale, kleine Krämerläden, originelle Märkte und vieles mehr machen einen Aufenthalt in der Stadt unvergesslich. Aber Sie müssen gut zu Fuß sein, denn zwischen Burgberg und Tejo-Ufer, Ober- und Unterstadt geht es auf und ab.

Neben der Innenstadt lohnt insbesondere ein Besuch des westlichen Vorortes Belém, von wo die großen Entdecker in Richtung Übersee ablegten. Der Hauch des Kolonialzeitalters ist noch spürbar.

Lissabon besitzt über 40 Museen, darunter spezielle über Marine, Kolonialgeschichte, Kacheln und Marionetten, aber natürlich auch gängigere wie Völkerkunde und moderne Kunst. Mit der Lisboa Card haben Sie freien Eintritt zu 25 dieser Museen.

SIGHTSEEING-HIGHLIGHTS

Casa do Alentejo

Arabien mitten in Lissabon: ein Palast in maurischem Stil mit zauberhaftem Innenhof. Eigentlich Treffpunkt der Alentejaner, die aus der Region südlich des Tejo stammen.

Rua das Portas de Santo Antão 58; Metro: Restauradores; Mo–Sa 10–24, So 10–20 Uhr, Aug. geschl.

Castelo de São Jorge

Stolz erhebt sich die restaurierte Festung. Bis 1511 residierten hier die Könige, 1755 zerstörte das Erdbeben weite Teile.

Metro: Rossio; tgl. 9–18, im Sommer 9–21 Uhr

Mosteiro dos Jerónimos

Das große Kloster gilt als eines der schönsten Gebäude der Stadt. Es wurde 1571 eingeweiht. Verschlungene Ornamente und anderes Zierrat der manuelischen Symbolwelt überall.

Praça do Império; Bahnhof: Belém; Di–So 10–17 Uhr

Museu Nacional do Azulejo

Typisch portugiesisch sind die wunderschönen Kacheln (»azulejos«) und Kachelbilder. Das Museum dokumentiert nicht nur deren Geschichte, sondern zeigt auch wunderbare Exemplare.

Convento da Madre de Deus; Rua da Madre de Deus 4; Mi–So 10–18, Di 14–18 Uhr

Parque das Nações

Aus dem Gelände der EXPO 1998 ist ein modernes Shopping- und Vergnügungszentrum geworden.

Metro: Linha da Oriente

ESSEN UND TRINKEN

Auch das gibt es nicht alle Tage: Per Gesetz ist jedes Restaurant gezwungen, ein preisgünstiges Touristenmenü (»ementa turistica«) anzubieten. Viele Köche geben sich hier jedoch nicht viel Mühe.

Investieren Sie lieber ein paar Euro mehr und gönnen Sie sich typische Spezialitäten.

Beliebt sind Fischgerichte, insbesondere der Stockfisch, aber auch Seehecht, Schwertfisch und Sardinen, sowie Fleischgerichte, besonders das mit einem Ei servierte Steak (»bife«). Typisch sind u.a. Reis mit Meeresfrüchten (»arroz de marisco«) und Fischsuppe (»caldeirada«).

Dazu wird Wein oder Bier getrunken, bekannt ist der »vinho verde«, ein leicht säuerlicher, alkoholarmer Weißwein aus Nord-Portugal, der jung und kalt verköstigt wird.

Und noch eine Warnung: Oft serviert man »Couverts«, Appetitanreger. Die haben Sie womöglich nicht bestellt, sie werden aber dennoch berechnet. Sie können lecker sein, müssen es aber nicht, im Zweifelsfall verzichten Sie lieber darauf.

GASTRO-HIGHLIGHTS

1. de Maio
Gutes, lebhaftes Traditionslokal, das für Muschelgerichte und Stockfischpasteten bekannt ist.
Rua da Atalaya 8; Metro: Baixa Chiado; Tel. 3 42 68 40; Mo–Sa 12–15 und 19–22.30 Uhr, Aug. geschl.; ab 8 €

Água do Bengo
Spezialitäten aus Angola, im Hintergrund afrikanische Unterhaltungsmusik.
Rua do Taixeira 1; Metro: Restauradores; Tel. 2 13 47 75 16; So geschl.; ab 8 €

Casa dos Passarinhos
Unter Einheimischen sehr beliebt, hausgemachte Nachspeisen, gute Grillgerichte.
Rua Silva Carvalho 195; Metro: Rato; Tel. 2 13 88 23 46; So geschl.; ab 8 €

Casa Transmontana
Einfache, aber gute nordportugiesische Regionalküche, eher deftig.
Calçada do Duque 39; Metro: Rossio; Tel. 2 13 42 03 00; Sa/So mittags geschl.; ab 8 €

Tavares Self Service
Im ersten Stock des Feinschmecker-Restaurants Tavares. Pauschalpreise, nur 15 Tische.
Rua da Misericórdia 35–37 (1. Etage); Metro: Baixa Chiado; Tel. 2 13 42 89 42; Sa, So geschl., Mo–Fr nur 12–14 Uhr; ab 8 €

Leckeres Gebäck in der Antiga Confeitaría de Belém.

MERIAN-Tipps

ROT UND WEISS
Ungefähr 200 Portweine kann man im Portweininstitut Solar do Vinho do Porto probieren.
Rua de São Pedro de Alcântara 45; Metro: Restaradores; Mo-Fr 14–23.30, Sa 14–23 Uhr

SCHWARZ
Viele Cafés servieren auch feinste Kuchen: das Künstlercafé Café Nicola (Rossio 24–25; Metro: Rossio), das zentrale Confeitaría Nacional (himmlischer Mandelkuchen; Praça da Figueira 18 B/C; Metro: Rossio) und die Antiga Confeitaría de Belém (leckere Sahneküchlein; Rua de Belém 84–92; Bahnhof: Belém).

NEBENKOSTEN IN €

1 Tasse Kaffee	0,50
1 Bier	1,00
1 Cola	0,70
1 Brot (ca. 500 g)	0,90
1 Schachtel Zigaretten	2,00
1 Liter Benzin	0,90
Fahrt mit Bus (Einzelfahrt)	1,00
Mietwagen/Tag	ab 30

Die Boutiquen im Amoreiras-Center führen ausgefallene Mode.

MERIAN-Tipps

AN DER WAND
Bemalte Kacheln gehören in Lissabon zur traditionellen Handwerkskunst. Einige der schönsten fertigt seit 1741 das Haus Sant'Anna (Rua de Alecrim 95, Tel. 3 42 25 37). Weitere lohnenswerte Adressen befinden sich in der Rua da Escola Politécnica und der Rua Dom Jão V.

AM BODEN
Arraiolos-Teppiche sind typische Wollteppiche, die nach einem aufwendigen Kreuzstickverfahren hergestellt werden. Eines der besten Fachgeschäfte ist Casa Quintao (Rua Ivens 30; Metro: Rossio).

Kleiner Stadtteilmarkt.

EINKAUFEN

Das populärste Mitbringsel aus Portugals Hauptstadt sind zweifelsohne die Kacheln (»azulejos«). Es gibt sie in allen erdenklichen Varianten, mit touristischen Motiven ebenso wie mit handgemalten maurischen Mustern. Entsprechend breit ist die Preisspanne. Sehr begehrt sind auch Teppiche und Antiquitäten. Die besten Geschäfte für letztere finden Sie in der Rua D. Pedro V, der Rua de São José und der Rua de São Bento.

Interessieren Sie sich eher für alte Postkarten oder Stadtansichten, so sollten Sie an der Rua da Misericórdia, der Rua do Alecrim und am Largo Trindade Coelho suchen. Oder wie wäre es mit Fadomusik, vielleicht von der berühmten Amália Rodrigues? Und natürlich bietet die Stadt auch dem Gourmet so einiges, selbstverständlich Portwein, aber z.B. auch geräucherte Würste oder Olivenöl.

Die meisten Läden finden Sie an der Praça do Comércio und dem Rossio. Der Abschnitt um Chiado und Rua do Carmo ist eher chic und teuer. Alles in einem bietet das Shopping Center Colombo, CC genannt (Avenida das Lusídas; Metro: Colégio Militar).

SHOPPING-HIGHLIGHTS

Abside
Exzellentes Antiquitätengeschäft: Möbel, Kacheln, Gemälde, Porzellan aus Indien und China.
Travessa dos Fiéis de Deus 14–16; Metro: Rossio

Cantinho Regional
Anhänger rustikaler Kost aus der Provinz können hier einen Großeinkauf tätigen, alles hausgemacht.
Amoreiras Shopping Center; Av. Eng. Duarte Pacheco (Lojas 3054-3056)

Casa Regional da »Ilha Verde«
Kunsthandwerk aus Nord-Portugal, Madeira und von den Azoren, z.B. Spitzen, Tücher und Schmuck.
Rua Paiva de Andrade 4; Metro: Baixa Chiado

Loja das Colecções
Ausgezeichnete Adresse für alte Comics und Kartenspiele, Lithografien, Bücher und Streichholzschachteln.
Rua da Misericórdia 145–147; Metro: Rossio

Luvaria Ulisses
Handschuhe, nichts als Handschuhe, und das schon seit 1925 in einem Laden mit sehr origineller Inneneinrichtung.
Rua do Carmo 87a; Metro: Baixa Chiado oder Rossio

AM ABEND

Dort, wo es tagsüber turbulent zugeht, ist es abends eher ruhig. Das gilt für Alfama ebenso wie für Baixa, die Unterstadt. Auch die Bars und Kneipen an der Avenida Vinte e Quatro de Julho sind nicht mehr ganz so angesagt. Stattdessen strömt alles abends ins Bairro Alto oder ins Viertel Alcântara nahe der Tejo-Brücke.

Sehr beliebt sind Theateraufführungen, aber da gibt es vielleicht Sprachprobleme. Die werden Sie in den Kinos weniger haben, denn ausländische Filme werden mit Untertiteln gezeigt.

Was wo läuft, erfahren Sie dank der Broschüre »Agenda Cultural«, die in der Touristeninformation und in Hotels ausliegt. Sie erscheint monatlich und verzeichnet Museen, Kinos, Ausstellungen, Theater, Feste und vieles mehr. Eine andere Informationsquelle ist die Wochenzeitung »SE7E«, die in portugiesischer Sprache auf aktuelle Events hinweist.

Typische Fadomusik ist im Übrigen fast nur noch in für Touristen aufbereiteten Versionen zu erleben. Vor allem im Bairro Alto werden Sie bisweilen von Türstehern bedrängt, doch hineinzukommen. Fragen Sie lieber Einheimische, wo Fado noch in traditioneller Weise dargebracht wird.

NIGHTLIFE-HIGHLIGHTS

B. Leza

Einfache Bar, dafür afrikanische Musik und große Tanzfläche.

Largo Conde Barão 50; Bahnhof: Santos; Tel. 2 13 96 43 31; So geschl.

Bora-Bora

Südsee-Atmosphäre in Lissabon, heiße Rhythmen, gute Drinks.

Rua da Madalena 199–201; Metro: Rossio

Fox-Trot

Plüschiges Interieur mit Jugendstillampen und Skulpturen, moderne Musik, intellektuelles Publikum, Sie müssen am Eingang klingeln.

Travessa de Santa Teresa 28; Metro: Avenida

Hot Clube de Portugal

Gute Adresse für Jazzmusik, großes Stammpublikum. Oft Livemusik.

Praça da Alegria 39; Metro: Avenida; Tel. 2 13 46 73 69; So, Mo geschl.

Skylab

Eine der Trend-Diskos, am Wochenende proppevoll, im Stadtteil Rato gelegen.

Rua Artilharia Um 69; Metro: Marquês de Pombal

Im Fox-Trot läuft moderne Musik in plüschigem Ambiente.

MERIAN-Tipps

EXOTISCH

Durch die portugiesische Kolonialgeschichte gibt es starke Verbindungen mit Brasilien. Livemusik aus dem südamerikanischen Land können Sie im Pé Sujo hören (Largo de São Martinho 6-7; Bahnhof: Santa Apolónia; Mo geschl.). Eine Bar mit brasilianischem Einschlag ist Bipi-Bipi (Rua Oliveira Martins 6; Metro: Areeiro).

TRADITIONELL

Authentische Fado-Lokale sind selten geworden. Zu ihnen zählen Clube de Fado (Rua de S. Jão da Praça 94; Metro: Terriero do Paço; 19–2 Uhr; www.clube-de-fado.com), Solar do Fado (Calçada da Memória 57a, Bahnhof: Belém) und Senhor Vinho (Rua do Meio 18; Bahnhof: Santos; So geschl.).

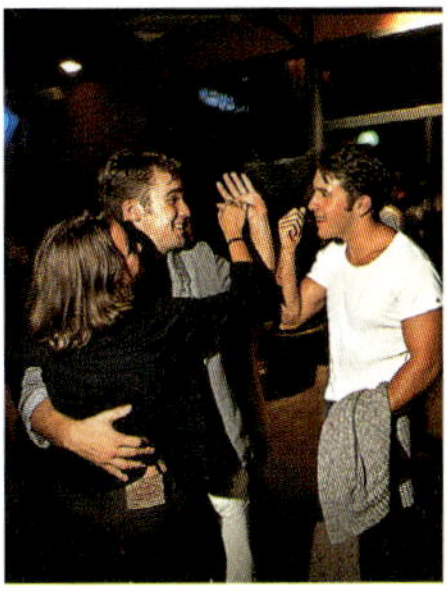

Gleich fängt die Clubnacht an.

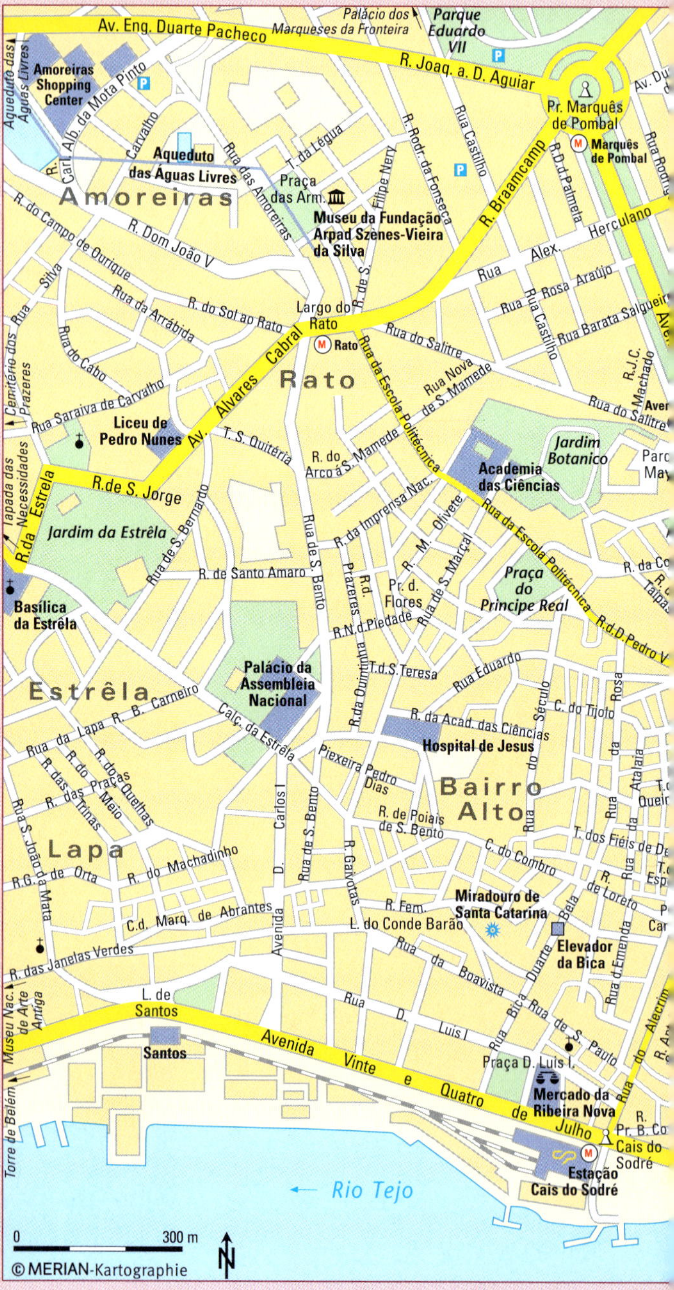
Av. Eng. Duarte Pacheco
Palácio dos Marqueses da Fronteira
Parque Eduardo VII
R. Joaq. a. D. Aguiar
Pr. Marquês de Pombal
Marquês de Pombal
Amoreiras Shopping Center
Aqueduto das Águas Livres
Aqueduto das Águas Livres
Amoreiras
Praça das Arm.
Museu da Fundação Arpad Szenes-Vieira da Silva
R. Braamcamp
Rua Castilho
R. Rodr. da Fonseca
Filipe Nery
T. da Légua
Rua das Amoreiras
R. Dom João V
R. do Campo de Ourique
Rua da Arrábida
R. do Sol ao Rato
Largo do Rato
Rato
Rato
Av. Alvares Cabral
Rua do Salitre
Rua Nova de S. Mamede
Rua da Escola Politécnica
Rua Rosa Araújo
Rua Barata Salgueiro
Herculano
Rua Alex.
Rua do Cabo
Rua Saraiva de Carvalho
Cemitério dos Prazeres
Liceu de Pedro Nunes
T. S. Quitéria
R. do Arco á S. Mamede
Jardim Botanico
Academia das Ciências
R.de S. Jorge
Tapada das Necessidades
R.da Estrela
Jardim da Estrêla
Rua de S. Bernardo
R. de Santo Amaro
Rua de S. Bento
R.da Imprensa Nac.
R. M. Olivete
Rua de S. Marçal
Pr. d. Flores
Praça do Principe Real
Basílica da Estrêla
R.N.d.Piedade
T.d.S.Teresa
Rua Eduardo
Palácio da Assembleia Nacional
Estrêla
R. B. Carneiro
Calç. da Estrêla
R. da Acad. das Ciências
Hospital de Jesus
C. do Tijolo
Rua da Lapa
R. do Meio
R. das Trinas
R. dos Quelhas
R. das Praças
Piexeira Pedro Dias
Bairro Alto
R. de Poiais de S. Bento
Rua S. João da Mata
Lapa
R. do Machadinho
R.G. de Orta
Avenida D. Carlos I
Rua de S. Bento
R. Gaivotas
C. do Combro
T. dos Fiéis de Deus
C.d. Marq. de Abrantes
R. Fem.
L. do Conde Barão
Miradouro de Santa Catarina
Elevador da Bica
R. das Janelas Verdes
Rua da Boavista
Rua Bica Duarte Belo
Rua de S. Paulo
Museu Nac. de Arte Antiga
L. de Santos
Santos
Avenida Vinte e Quatro de Julho
Rua D. Luis I
Praça D. Luis I.
Mercado da Ribeira Nova
Torre de Belém
Cais do Sodré
Estação Cais do Sodré
Rio Tejo
0
300 m
N
© MERIAN-Kartographie

Lissabon Innenstadt
Hospital D. Estefânia
R. Joaquim Bonifácio
R. de Dona Estefânia
R. Jacinta Marto
Rua C. de Recondo
Rua Luciano Cordeiro
Rua Bernardim Ribeiro
Rua Gomes Freire
R. J. Estêvão
Rua de Arroios
R. António Pedro
Rua da Penha de França
Hospital M. Bombarda
L.de Santa Bárbara
Rua da Esc. do Exército
R. de Sta. Bárbara
Anjos
R. de Angola
R. d. Moçambique
R.de Cabo Verde
Hospital de Santa Marta
Rua dos Anjos
Rua Palmira
Igreja d. Anjos
Santo António
R. Dr. A. Amaral
Cpo. d. Cpo. d. da Pátria
Hospital dos Capuchos
Rua do Passadiço
Paço da Rainha
L. do Mitelo
R. S. A. d. Capuchos
R. Cap. Renato Baptista
Avenida Almirante Reis
Intendente
R. do Telhal
R. d. Saco
L. Intend. Manique
Hospital do Desterro
R. Instituto Bacteriológico
R. de S. Lázaro
R. d. Benformoso
R. d. Bombarda
R. Maria da Fonte
R. Damasceno Monteiro
Rua da Penha de França
Graça
Elevador da Lavra
Hospital de São José
R. da Palma
Miradouro da Nossa Senhora do Monte
Rua Senhora da Glória
Liberdade
Museu Etnográfico de Ultramar
Casa do Alentejo
Martim Moniz
Calç. do Monte
Rua da Graça
L. da Graça
Restauradores
Praça dos Restauradores
L. Martim Moniz
R. d. Cavaleiros
Rua das Olarias
Estação do Rossio
T. da Pereira
Miradouro da Graça
R. d. V. do Operário
Pr. D. Pedro IV (Rossio)
C. de Santo André
Rossio
Pr. da Figueira
C. do Carmo
Rua da Costa do Castelo
Elevador de Santa Justa
Rua da Betesga
R. S. Justa
Rua Aurea (Rua do Ouro)
Rua da Prata
R. d. Douradores
Rua dos Fanqueiros
Rua da Madalena
Castelo de S. Jorge
Museu da Marioneta
Alfama
C. S. Vicente
Igreja de São Vicente de Fora
Museu Arqueológico do Carmo
R. do Carmo
R. Garrett
R. do Milagre do Sto. António
L. d. Portas do Sol
Ch. d. Feira
R. d. E. Gerais
Baixa
R. d. S. Mamede
Museu-Escola de Artes Decorativas
L. d. Lóios
R. dos Remédios
Museu de Artilharia
Teatro São Carlos
R. Ivens
Baixa Chiado
R. d. Sapateiros
Museu Antoniano
Miradouro de Santa Luzia
Museu do Chiado
Sé Patriarcal
Lg. Chafariz de Dentro
Arco d. R. Augusta
R. do Barão
Município
R. C. d. Sé
R.d. Bacalhoeiros
Rua do Arsenal
Casa dos Bicos
Praça do Comércio
Bolsa
Av. Infante D. Henrique
Doca do Terreiro do Trigo
Museu Nacional do Azulejo, Museu d'Água, Convento da Madre de Deus
Ribeira das Naus
Terminal Fluvial
Doca da Marinha

Carnide, Potinha
Telheiras
Campo Grande
Benfica
Colégio Militar-Luz
Avenida General Norton de Matos
Estrada da Luz
Alto dos Moinhos
Calhariz
Benfica
Laranjeiras
Cidade Universitária
Rua Conde de Almoster
S. Domingos
Sete Ríos
Estrada das Laranjeiras
Avenida dos Combatentes
Avenida das Forcas Arm
Cruz da Pedra
R. Franc. Quental Martins
Rua das Furnas
Jardim Zoológico
Sete Ríos
Calhau
Laranjeiras
Rego
Praça de Espanha
Av. José Malhoa
Avenida de Be
Bairro da Serafina
Calouste Gulbenkian
Av. Antonio Aug. Aguiar
Campolide
S. Sebastião
Campolide
Avenida
Saldanha
Parque
Av. Engenheiro Duarte Pacheco
Amoreiras
Marquês de Pombal
R. Dom João V
Rua Alex. Herculano
Rato
Tapada da Ajuda
Campo de Ourique
Rato
Avenida de Ceuta
Avenida
Alcântara
Alcântara
Avenida Infante Santo
Estrela
Restaurad
Bairro Alto
Lapa
Santo Amaro
Avenida da India
Alcântara Mar
Avenida Vinte e Quatro de Julho
Santos
Estaçã Cais d
Linha da Gaivota
Linha do Girassol
Linha da Caravela
Linha do Oriente
im Bau
Bahnlinie

Aeroporto
a Marechal Craveiro Lopes
Avenida Cidade do Porto
Avenida Doutor Alfredo Bensaúde
mpo
nde
Avenida do Brasil
Avenida Almirante Gago Coutinho
Avenida Marechal Gomes da Costa
Olivais Sul
Alvalade
Alvalade
Teresinhas
Olivais Sul
Cabo Ruivo, Oriente, EXPO
Chelas
A. Estados
Roma
Unidos d. América
Entre Campos
Areeiro
Campo Pequeno
Areeiro
Bela Vista
Braço de Prata
Areeiro
Braço de Prata
A. do Cego
Olaias
Chelas
Olaias
Técnico
Alameda
Marvila
Chelas
Estefânia
Reis
Picheleira
Arroios
Marvila
Rua Morais Soares
Madre de Deus
Almirante
R. Jacinta Marto
Alto de São João
Beato
Anjos
Av. Infante d. Henriqu
Av.
Intendente
B. Lopes
Xabregas
Graça
Martim Moniz
Caminhos de Ferro
Rossio
Estação Santa Apolónia
Baixa
Alfama
Avenida Infante d. Henrique
Praça do Comércio
N
0
900 m
Rio Tejo
Verkehrslinienplan Lissabon
©MERIAN-Kartographie

LONDON

»Stiff Upper Lip« oder »Cool Britannia«? London ist feine englische Lebensart, kombiniert mit den schrillsten Trends des Kontinents.

Die roten Doppeldeckerbusse sind fester Bestandteil des Londoner Straßenbildes.

LONDON ZU FUSS

Starten Sie am **Trafalgar Square**, der 1805 zu Ehren Admiral Nelsons angelegt wurde, als er die spanisch-französische Marine vor Trafalgar bezwungen hatte. Weiter geht es Richtung **Big Ben**, hinein in die breite Straße **Whitehall**. Eines der vielen geschichtsträchtigen Gebäude ist die Kaserne der **Household Cavalry**, der 1661 gegründeten Elitetruppe des Königs. Unbeeindruckt von den zahllosen Touristen verweilen die Soldaten in Uniform und Helm auf ihren Pferden.

Auf der rechten Seite wird die **Downing Street** erkennbar – im Haus Nr. 10 arbeitet seit 1732 der jeweilige Premier. Weitere Regierungsgebäude säumen den Weg bis hin zum **House of Parliament** mit dem Glockenturm Big Ben.

Von der **Themsebrücke** erkennen Sie die **County Hall**, einst Sitz der Stadtverwaltung (heute Hotel), das Aquarium und das Riesenrad **The London Eye**. Zurück zum Parlament, nach links ab zur **Westminster Abbey** und zum **Chapter House**. Danach über die Victoria Street in den **St. James's Park**, wo links der Buckingham Palace zu sehen ist. An **The Mall** nach rechts Richtung Admirality Church, über die **Pall Mall** kehren Sie zum Trafalgar Square zurück.

ÜBERNACHTEN

Es gibt immer einen Grund, nach London zu reisen, deshalb sind Hotelbetten zu jeder Jahreszeit knapp und teuer. Fragen Sie nach »weekend-rates«, falls Sie an einem Wochenende dort sein wollen. Auch Bed&Breakfast-Unterkünfte können eine günstige Alternative sein. Oder kleine »guest houses«, also Privatpensionen. Außerhalb der City sind Unterkünfte ebenfalls günstiger und zuweilen charmanter, allerdings muss man lange Wege in die Stadt und zurück in Kauf nehmen.

Hotelpreise enthalten meist nicht das Frühstück – es wird extra berechnet. In vielen Häusern kann man zwischen dem uns bekannten »continental breakfast« und dem »English breakfast« wählen. Letzteres besteht u.a. aus Toast, Rührei, gebratenem Schinken, Pilzen und Tomaten. In vielen Hotels gibt es auch ein Frühstücksbuffet.

Außerdem kommen 17,5 % Mehrwertsteuer (VAT) hinzu. Die Hotels akzeptieren in der Regel alle Kreditkarten.

HOTEL-HIGHLIGHTS

Blue Bells Hotel

Gemütlich, preiswert, nahe der Portobello Road und mit guter Verkehrsanbindung.

14 Pembridge Square, W2; Tel. 77 27 66 66, Fax 77 27 66 77; U-Bahn: Notting Hill Gate; Bahn: Paddington Station; 27 Zimmer; ab 70 € CREDIT

Five Sumner Place Hotel

Sehr persönlich, Gäste bekommen den Hausschlüssel. Das Natural History Museum und das Science Museum sind zu Fuß erreichbar.

5 Sumner Place, SW 7; Tel. 75 84 75 86, Fax 78 23 99 62; U-Bahn: South Kensington; 14 Zimmer; ab 125 € AmEx MASTER VISA

Hotel Oliver

Zum Zentrum, zum Kaufhaus Harrods und zu interessanten Museen ist es nicht weit.

198 Cromwell Road, SW 5; Tel. 73 70 68 81, Fax 73 70 65 56; U-Bahn: Earls Court; 48 Zimmer; ab 70 € CREDIT

Lincoln House Hotel

Komfortables Hotel, georgianisches Ambiente.

33 Gloucester Place, W1; Tel. 74 86 76 30, Fax 74 86 01 66; U-Bahn: Marble Arch; 22 Zimmer; ab 125 € AmEx MASTER VISA

Regent Palace Hotel

Wer in erster Linie zentral wohnen will, ist in diesem riesigen Hotel bestens aufgehoben.

Piccadilly Circus, W1; Tel. 087/04 00 87 03, Fax 72 87 02 38; U-Bahn: Piccadilly Circus; 891 Zimmer; ab 125 € ✉

Blickfang: der Glockenturm Big Ben vor den Houses of Parliament.

MERIAN-Tipps

BETTENKUNDE

Ein »double room« bedeutet ein Bett von ungefähr 1,80 m Breite. Im »twin room« hingegen stehen zwar zwei Betten, doch nicht zwingend nebeneinander. Das »four poster« ist eine wahre Pracht, denn das ist ein Himmelbett.

STILVOLL

Wer seinen Londonaufenthalt mit einer Runde Golf verbinden will, ist im ehrwürdigen Hotel Oakley Court in Windsor richtig. Abends kann man sich in der Bibliothek niederlassen oder in dem guten Restaurant speisen.

Windsor Road, Windsor, Berkshire; Tel. 0 17 53/60 99 88, Fax 60 99 39; 118 Zimmer; ab 125 € ✉

Der Hotelportier empfängt die Gäste.

Seit 1485 bewachen die Beafeaters den Tower.

MERIAN-Tipps

BLUT UND JUWELEN

Im Tower können Sie die Kronjuwelen bestaunen. Früher »in den Tower geworfen« zu werden glich einem Todesurteil, passenderweise heißt einer der Türme Bloody Tower.

Tower Hill, EC 3; U-Bahn: Tower Hill; März–Okt. Mo–Sa 9–17, So 10–17, Nov.–Feb. Di–Sa 9–16, Mo–So 10–16 Uhr

FREIE MEINUNG

Sonntags kann in der »Speaker's Corner« des Hyde Park ein jeder seine Meinung verkünden. Ein einmaliges Erlebnis. Sehenswert sind auch die vielen Statuen.

U-Bahn: Queens Way und Bayswater; tgl. 10–16.45 Uhr

Mächtig: die Westminster Abbey.

SIGHTSEEING

London besitzt eine reizvolle Mischung aus historischen und neueren Sehenswürdigkeiten. Aus der Gründungszeit der Stadt vor 2000 Jahren ist nur wenig geblieben, da ein Brand im Jahre 1666 weite Teile Londons vernichtete.

Heute locken auf der einen Seite der Tower, die St. Paul's Cathedral und der Buckingham Palace, andererseits aber auch Canary Wharf, das Geschäfts- und Wohnviertel am Wasser, der Neubau der British Library in Euston oder die sensationelle Kunsthalle Tate Modern. Die Museen der britischen Hauptstadt gehören zu den weltweit führenden, z.B. das National Maritime Museum, das größte Seefahrtsmuseum der Welt, die beiden Tate-Museen und natürlich das British Museum. Es gibt auch Spezialmuseen zu u.a. Design, Krieg und Wein.

London ist weitläufig. Planen Sie entsprechende Wege mit Bus und U-Bahn ein.

SIGHTSEEING-HIGHLIGHTS

British Museum

Kulturschätze aus Griechenland, Rom, Ägypten und China sowie zahllose andere Gegenstände machen dieses Museum zu einem der besten der Welt.

Great Russell Street, WC 1; U-Bahn: Russel Square; tgl. 10–17.30 Uhr

St. James's Park

Ein Traum von Park, im 19. Jh. von John Nash angelegt. Riesige Bäume, künstliche Seen, seltene Vögel, eine wahre Oase.

SW 1; U-Bahn: St. James's Park

St. Paul's Cathedral

Ein wahrlich monumentales Gebäude, das Christopher Wren in den Jahren 1675 bis 1710 errichten ließ.

Ludgate Hill, EC 4; U-Bahn: St. Paul's; Mo–Fr 8.30–16 Uhr

Tate Modern

In einem stillgelegten Kraftwerk am Themseufer hängt nun allerfeinste Gegenwartskunst, ein wahrer Publikumsmagnet.

25 Sumner Street, SE1; U-Bahn: Southwark; tgl. 10–18, Fr, Sa 10–22 Uhr

Westminster Abbey

Seit 900 Jahren Krönungen, königliche Hochzeiten und Beerdigungen. Achten Sie auf die schöne Kapelle Heinrichs VII. von 1519.

Broad Sanctuary, SW 1; U-Bahn: Westminster; Mo–Fr 9.30–15.45, Sa bis 13.45 Uhr

ESSEN UND TRINKEN

Früher galt britisches Essen als ungenießbar, »porridge«, der Haferbrei, war das Synonym für die Küche der Insel. Heute setzen Londoner Köche internationale Trends. Jamie Oliver, Marco Pierre White oder Gordon Ramsay haben Gourmet-Tempel geschaffen. Daneben gibt es aber auch bodenständigere Ausrichtungen. Café-Ketten wie Café Rouge oder Café Uno breiten sich aus und bieten günstige Mahlzeiten. Gleiches gilt für Belgo, eine Mussel-and-chips-Kette, in der es nicht nur Muscheln gibt. Sehr populär sind die indischen Restaurants, von denen es ca. 1200 in der Stadt gibt. Chinatown ist ebenfalls voller Lokale. Und natürlich servieren auch die Pubs hervorragende »lunches«.

In den Pubs dauert das Bierzapfen keine sieben Minuten, sondern Sekunden. »Ale« ist das traditionelle englische Bier, »lager« ist etwas heller, »bitter« dunkler, »stout beer« noch etwas dunkler und stärker. Eingeschenkt wird ein »pint«, der entspricht 0,57 Liter.

GASTRO-HIGHLIGHTS

The Atrium

Englische und irische Küche, Gäste sind oft Abgeordnete oder TV-Mitarbeiter.

4 Millbank, SW 1; Tel. 72 33 00 32; U-Bahn: Westminster; Mo–Fr 8–22 Uhr; ab 40 € CREDIT

The Fifth Floor

Erst shoppen, dann in stilvoller Umgebung hervorragend essen: Im edlen Kaufhaus Harvey Nichols ist es möglich.

Knightsbridge, SW1; Tel. 72 35 52 50; Mo–Sa 12–15 und 18.30–23.30, So 12.30–15 Uhr

Food for Thought

Kleines, aber vorzügliches Vegetarier-Restaurant mit täglich wechselnder Karte.

31 Neal Street, WC2; Tel. 78 36 02 39; U-Bahn: Convent Garden; tgl. geöffnet

Joe Allen

Im amerikanischen Stil, beliebt bei Kulturschaffenden und Jung-Dynamikern.

13 Exeter Street, WC 2; Tel. 78 36 06 51; U-Bahn: Convent Garden; tgl. geöffnet; ab 40 €

Momo

Nordafrika in London, gemischt mit britischen und französischen Ideen. Reservieren!

25 Heddon Street, W1; Tel. 74 34 40 40; U-Bahn: Piccadilly Circus, Oxford Circus; Mo–Fr 12–14.30, Mo–Sa 19–23.30, So 18.30–22.30; ab 40 € CREDIT

»High Tea« – eine britische Köstlichkeit und kleine Zeremonie.

MERIAN-Tipps

TEA TIME

Eine der besten Adressen ist das »Fountain Restaurant« im Fortnum & Mason. Einmalige Atmosphäre, alles vom Feinsten.

181 Piccadilly, W1; Tel. 77 34 80 40; U-Bahn: Piccadilly Circus; Mo–Sa 10–18.30, So 11–17 Uhr

RESTAURANT ABC

Beim Reservieren bestellen Sie einen »table for two« (»three«, »four« etc.). Im Restaurant führt ein Kellner Sie zum Tisch. Die Speisekarte heißt »menu«. Zuerst isst man ein »starter« (Vorspeise), dann folgt das »main dish« (Hauptgericht), zum Abschluss ein »dessert« oder ein Angebot vom »trolley« (Wagen).

NEBENKOSTEN IN €

1 Tasse Kaffee.2,50–4,50

1 Bier 3,00–5,00

1 Cola.............2,00–3,00

1 Brot (ca. 500 g).......1,00–1,50

1 Schachtel Zigaretten 7,50

1 Liter Benzin ..1,25–1,50

Fahrt mit Bus (Einzelfahrt) 1,80–3,00

Mietwagen/Tag................80–150,00

Schrill und höchst originell: der Berwick Street Market in Soho.

MERIAN-Tipps

GUT BEHÜTET

Trägt in Filmen nicht jeder Londoner einen Hut? Bei Lock & Co. wurde der Bowler erfunden und werden seit 1676 die besten Hüte der Welt hergestellt.

6 St. James's Street, SW1; U-Bahn: Green Park

IN LEDER

Leder ist in London recht günstig, die besten Geschäfte finden Sie in der Oxford Street, der King's Road und am Portobello Market.

Hüte für Gentlemen: Lock & Co.

EINKAUFEN

Typisch britische Textilien aus Tweed, Lambswool und Cashmere sind nach wie vor begehrt. Mehr und mehr Spezialgeschäfte breiten sich aus, die z.B. nur Socken oder nur Krawatten verkaufen. Die teuersten Straßen sind die Bond Street und die New Bond Street. Hier finden Sie auch die großen Modemarken. Vergleichsweise günstig sind die Preise in Einkaufsstraßen wie der Oxford Street, der King's Road, der Kensington High Street, der Jermyn Street oder Knightsbridge. Neben Harrods sind Selfridges (Oxford Street) und Liberty's (210–220 Regent Street) die populärsten Kaufhäuser.

Noch billiger kann es auf Flohmärkten in der Portobello Road, der Petticoat Lane oder im Camden Lock werden. Während der Woche gibt es auf dem Portobello vorzugsweise Lebensmittel, erst zum Wochenende kommen die ca. 1000 Händler. Dann gibt es Ramsch wie Qualitätswaren. Das gilt auch für den Camden Market, der speziell am Sonntag so überlaufen ist, dass am Nachmittag die Tubestation Camden Town geschlossen wird. Daneben liegt das überdachte Camden Lock, in dem sich viele Kunsthandwerker niedergelassen haben. Auf allen Märkten haben die Preise stark angezogen.

SHOPPING-HIGHLIGHTS

Gray's Antique Market

Eine riesige Schatztruhe: 200 Händler in zwei Gebäuden bieten Antikes jeder Couleur.

58 Davies Street und 1–7 Davies Mews, W1; U-Bahn: Bond Street; Mo–Fr 10–18 Uhr

Hamley's

Auch wenn Sie keine Kinder (dabei) haben, das größte Spielzeuggeschäft der Welt ist ein Muss.

188–196 Regent Street, W1; U-Bahn: Oxford Circus

Harrods

Berühmtes Edelkaufhaus, das keine Wünsche offen lässt. Hier herrscht ein Dresscode: keine Rucksäcke, kaputten Jeans oder Hotpants.

87–135 Brompton Road, SW1; U-Bahn: Knightsbridge

Hatton Garden

Silber, Gold, Diamanten, hier wird Schmuck aller Preisklassen verkauft.

Hatton Garden, EC1; U-Bahn: Chancery Lane, Farringdon

Pied à Terre

Diese Kette hat immer die neuesten und ungewöhnlichsten Schuhtrends.

19 South Molton Street, W1; U-Bahn: Bond Street

AM ABEND

Wenn in Londons Pubs der Aufruf zur letzten Bierbestellung erschallt, dann ist der Abend noch lange nicht zu Ende. Die Musiktempel der Stadt setzen weltweite Trends, in den Clubs spielen Bands und legen DJs unterschiedlichster Kategorien auf.

Oder Sie beginnen den Abend mit einem Event. Stars der Popmusik gastieren im Hammersmith Apollo, große Tenöre im Royal Opera House. Als Musicalstadt hat London einen exzellenten Ruf. »Les Miserables«, »Mamma Mia« und »The Phantom of the Opera« laufen seit Jahren. Eine Besonderheit begegnet Ihnen im St-Martin-Theatre, denn hier wird seit 1953 Agatha Christie's »The Mousetrap« aufgeführt.

»Fringe Theatre« werden jene Avantgardebühnen genannt, die ganz neue Theaterstücke oder auch bekannte Stücke in neuer Art aufführen. Und schließlich sollten die Kinos nicht vergessen werden: Das IMAX Cinema nahe der Waterloo Bridge z.B. besitzt die größte Leinwand Englands. Alles in allem: Für nächtliche Abwechslung ist gesorgt.

Aktuelle Infos können Sie im Magazin »Time Out« nachlesen, »Hot Tickets« wendet sich speziell an Theaterfreunde.

Erst trifft man sich auf einen »pint« im Pub...

MERIAN-Tipps

TICKET-TRICK

An Karten für Oper oder Theater zu kommen ist äußerst schwierig. Oft muss Monate zuvor bestellt werden. Spontan können Sie es bei SWET Ticket Booth (Leicester Square, 14.30–18.30 Uhr) versuchen, hier gibt es verbilligte Restplätze.

AKTUELLE INFOS

Was gerade wo läuft, darüber informieren am besten die beiden Magazine »Time out« und »City Limits«.

NIGHTLIFE-HIGHLIGHTS

100 Club

Bands von gestern und heute, Jazz, alle Altersstufen.

100 Oxford Street, W1; Tel. 76 36 09 33; U-Bahn: Tottenham Court Road

Quaglino's

Äußerst angesagte Bar mit vielen wichtigen Leuten, zuweilen Livejazz, gutes Restaurant.

16 Bury Street, SW1; U-Bahn: Green Park

Ronnie Scott's

Mitten in Soho: der beste Jazz der Stadt.

47 Frith Street, W1; 74 39 07 47; U-Bahn: Tottenham Court Road

Royal Shakespeare Company

Die großartigen Shakespeare-Inszenierungen haben das Theater weltberühmt gemacht.

Barbican, EC2; Tel. 76 38 88 91; U-Bahn: Barbican

White Horse

Populärer Pub mit gutem Essen und einer Vielzahl Drinks, im Sommer auch draußen.

1–3 Parsons Green, SW6; Tel. 77 31 21 83; U-Bahn: Parsons Green

... dann geht es weiter ins Varietee.

Zoolog. Gardens
Inner Circle
Theatre
Regent's Park
Outer Circle
Albany St.
Stanhope St.
Hampstead Rd.
Euston Station
Eversholt St.
British Library
Euston Rd.
St. Pancras Station
Gray's Inn
Judd St.
Euston Square
N. Gower St.
Upper Woburn Pl.
Hunter St.
Coram's Fields
Park Rd.
London Mosque
Madame Tussaud's
Great Portland St.
Warren Street
Grafton Way
University College
Gower St.
Bloomsbury
Woburn Pl.
Bernard St.
Guilford St.
Russell Square
Baker Street
Marylebone Rd.
Regent's Park
University of London
Russel Sq.
Southampton Ro.
York St.
Paddington St.
Marylebone High St.
Wimpole St.
Harley St.
Portland Pl.
Great Portland St.
Langham St.
Cleveland St.
Goodge Street
Tottenham Court Rd.
Bedford Sq.
Montague Pl.
British Museum
The Strand
Baker St.
Gloucester Pl.
Wallace Collection
Manchester Sq.
Marylebone
Thayer St.
Goodge St.
Mortimer St.
Bloomsbury St.
Gt. Russell St.
Holborn
George St.
Cavendish Sq.
Wigmore St.
Regent St.
New Oxford St.
High Holborn
Tottenham Court Road
Kingsway
Seymour St.
Portman Sq.
Oxford St.
Bond Street
Oxford Circus
Berwick St.
Wardour St.
Charing Cross Rd.
Endell St.
Drury La.
Gt. Queen St.
Marble Arch
New Bond St.
Davies St.
Soho
Old Compton St.
St. Martin's La.
Bow St.
Cumberland Gate
Upr. Brook St.
Grosvenor Sq.
Savile Row
Shaftesbury Ave.
Leicester Sq.
Covent Garden Market
Strand
Speaker's Corner
Park Ln.
South Audley St.
Berkeley Sq.
Mus. of Mankind
Eros Fountain
Piccadilly Circus
National Gallery
Royal Academy of Arts
Haymarket
Trafalgar Sq.
Charing Cross Station
Cleopatra's Needle
Hyde Park
Stratton St.
Jermyn St.
St. James's St.
King St.
Pall Mall
Carlton House Terr.
Northumberland Ave.
Embankment
Green Park
Piccadilly
Serpentine Rd.
Commonwealth Institute
Park Ln.
Green Park
St. James's Palace
The Mall
Horse Guards Parade
Whitehall
Ministry of Defence
Apsley House
St. James's Park
Foreign Office
Victoria Embankment
Barracks
Knightsbridge
Hyde Park Corner
Buckingham Palace
Queen Victoria Mem.
Park
Treasury
Westminster
Westminster Bridge
Knightsbridge
Grosvenor Cres.
Grosvenor Pl.
Queen's Gallery
St. James's Park
Westminster Abbey
Houses of Parliament
Belgrave Sq.
Buckingham Gate
Museen: Geological, Natural History, Science, Victoria & Albert
Chesham Pl.
Belgrave Pl.
The Royal Mews
Westminster City Hall
Victoria St.
Pont St.
Hobart Pl.
Palace Rd.
Marsham St.
Millbank
Lambeth
Sloane St.
Eaton Pl.
King's Rd.
Eccleston St.
Victoria Station
Westminster Roman Catholic Cathedral
Horseferry Rd.
Lambeth Bridge
Page St.
Ebury St.
Buckingham Palace Rd.
Eccleston Br.
Westminster
Vauxhall Bridge Rd.
Sloane Square
Semley Pl.
Victoria Coach Station
Warwick Way
Regency St.
J. Islip St.
Tate Gallery
Millbank
Albert Emb.
King's Rd.
Lower Sloane St.
Pimlico Rd.
Ebury Br.
Ebury Bridge Rd.
Belgrave Rd.
Alderney St.
Gloucester St.
Pimlico
Bessborough St.
Chelsea
Chelsea Bridge Rd.
Lupus St.
St. George's Sq.
Vauxhall Br.
Royal Hospital Rd.
Royal Hosp.
Ranelagh Gdns.
Churchill Gdns. Rd.
Vauxhall Station
Chelsea Physic Garden
Chelsea Embankment
Chelsea Bridge
Grosvenor Rd.
New Covent Garden
River Thames
Nine Elms Ln.
Wandsworth Rd.
S. Lambeth Rd.
Vauxhall Park
Battersea Park

London Innenstadt
Finsbury
City
Southwark
River
Thames
Dickens
ise Museum
Farring-
don
Barbican
Smith-
fields
Barbican
Moorgate
Liverpool St.
Station
Bevis
Marks
Syn.
Chancery
Lane
St. Barth.-
the-Great
London
Museum
Guildhall
Aldgate
East
Aldgate
Staple
Inn
Holborn
Viaduct
Station
Old Bailey
Bank of
England
St. Helen's
Bank
St. Bride's
Temple
Inns of Court
& Chancery
St. Paul's
Cathedral
St. Mary-le-Bow
Temple of Mithras
Lloyd's of
London
Mansion
House
Cannon St.
Station
Monument
Fenchurch St.
Station
Tower
Hill
Blackfriars
Station
Victoria Embankment
Shakespeare's
Globe
The
Monument
HMS
Belfast
Tower of
London
Tower
Bridge
oyal
ational
heatre
Oxo
Tower
Mus. of the
Moving Image
Southwark
Cathedral
The London Dungeon
London
Bridge
Station
Design
Mus.
Waterloo
Station
Borough
Tabard
Gardens
Lambeth
North
St. George's
Circus
G.M.
Harmsworth
Park
Imperial
War Museum
Elephant
& Castle
Elephant & Castle
Station
Kennington
The Oval
Cricket Ground
Kennington
Park
Burgess Park
City Rd.
Old St.
Great Eastern St.
Shoreditch High St.
Commercial St.
Goswell Rd.
Clerkenwell Rd.
Farringdon Rd.
Aldersgate St.
Whitecross St.
Bunhill Row
Chiswell St.
London Wall
Moorgate
Bishopsgate
Houndsditch
Middlesex St.
Leadenhall St.
Fenchurch St.
Threadneedle St.
Cornhill
Gracechurch St.
Queen Victoria St.
Cannon St.
Fleet St.
Strand
New Br. St.
Blackfriars Bridge
Southwark Bridge
London Bridge
Lower Thames St.
Tower Hill
Minories
Mansell St.
Stamford St.
Southwark St.
Union St.
Tooley St.
St. Thomas St.
Tower Bridge Rd.
Bermondsey St.
Long Ln.
Borough High St.
Marshalsea Rd.
Great Dover St.
Tabard St.
Blackfriars Rd.
Waterloo Rd.
The Cut
Webber St.
Westminster Bridge Rd.
Lambeth Rd.
St. George's Rd.
London Rd.
Borough Rd.
New Kent Rd.
Old Kent Rd.
Abbey St.
Grange Rd.
Kennington Rd.
Kennington Ln.
Kennington Park Rd.
Newington Butts
Walworth Rd.
Camberwell Rd.
Brook Drive
Penton Place
Crampton St.
Chapter Rd.
Cook's Rd.
John Ruskin St.
Chatham St.
Rodney Rd.
Brandon St.
East St.
Portland St.
Albany Rd.
Trafalgar Ave.
Harper Rd.
Trinity St.
Druid St.
0
900 m
N
© MERIAN-Kartographie

London Underground

h Barnet
Totteridge & Whetstone
side Park
West Finchley
Finchley Central
East Finchley
Highgate
Archway
Tufnell Park
eath
Dak
sh Town
Kentish Town
Camden Road
North London
Cockfosters
Oakwood
Southgate
Arnos Grove
Bounds Green
Wood Green
Turnpike Lane
Manor House
Seven Sisters
Blackhorse Road
Walthamstow Central
Tottenham Hale
Finsbury Park
Arsenal
Holloway Road
Caledonian Road
Drayton Park
Caledonian Road & Barnsbury
Highbury & Islington
Canonbury
Hackney Central
Hackney Wick
Dalston Kingsland
Homerton
King's Cross St. Pancras
Angel
Essex Road
montags bis freitags nur bis 20.30 Uhr
Farringdon
Square
Barbican
Old Street
Liverpool Street
Bethnal Green
Mile End
Russell Square
Thameslink
Moorgate
Shoreditch
Chancery Lane
St. Paul's
Bank
Aldgate
Aldgate East
Whitechapel
Stepney Green
Bow Church
Bow Road
Cannon Street
Monument
Tower Hill
Tower Gateway
City Thameslink
Blackfriars
Mansion House
Temple
River Thames
Shadwell
Limehouse
Westferry
Wapping
West India Quay
Rotherhithe
Canada Water
Bermondsey
London Bridge
Surrey Quays
Borough
Elephant & Castle
New Cross Gate
New Cross
Lewisham
Epping
Theydon Bois
Debden
Loughton
Roding Valley
Chigwell
Buckhurst Hill
zwischen Woodford und Hainault nur bis 20Uhr
Grange Hill
Woodford
Hainault
Fairlop
South Woodford
Barkingside
Newbury Park
Snaresbrook
Redbridge
Wanstead
Gants Hill
Leytonstone
Upminster
Upminster Bridge
Hornchurch
Elm Park
Leyton
Dagenham East
Dagenham Heathway
Becontree
Upney
Barking
Stratford
Pudding Mill Lane
East Ham
Upton Park
Plaistow
West Ham
Bromley-by-Bow
Devons Road
All Saints
Poplar
East India
Blackwall
Canning Town
Royal Victoria
Custom House
Prince Regent
Royal Albert
Beckton Park
Cyprus
Gallions Reach
Beckton
Canary Wharf
North Greenwich
Heron Quays
South Quay
Crossharbour & London Arena
Mudchute
Island Gardens
Silvertown & London City Airport
North Woolwich
Cutty Sark
Greenwich
vent
rden
ankment
mbeth
orth
Umsteigebahnhof
Flughafenanschluß
sonntags geschlossen
samstags und sonntags geschlossen
Die Öffnungszeiten erfahren Sie aus dem Informationsplan
Einige Stationen sind an Feiertagen geschlossen
British Rail
eingeschränkter Betrieb
Victoria
Waterloo & City
Docklands Light Railway
Piccadilly
Central
nur zu Stoßzeiten
Circle
District
East London
zu Stoßzeiten und am Sonntagmorgen
Hammersmith & City
Jubilee
Metropolitan
nur zu Stoßzeiten
Northern
Bakerloo
ington
ton

MAILAND

Die heimliche Hauptstadt Italiens lockt mit mondäner Mode, historischer Baukunst und großer Oper.

Die Galleria Vittorio Emanuele ist die exklusivste Einkaufspassage Italiens.

MAILAND ZU FUSS

Sie starten am **Dom** in Richtung **Piazza Diaz.** So kommen Sie über Via Dogana, Via Mazzini, Via Speronari und Via Torino zur Kirche **San Satiro,** die dem heiligen Satyrus gewidmet ist. Über die Via Asole geht es zur **Piazza San Sepolcro** mit der romanischen Kirche und dem **Palazzo Castani,** in dem Mussolini 1919 seinen faschistischen Kampfbund gründete.

Hinter der Kirche steht der **Palazzo dell'Ambrosiana** (1603) mit der **Biblioteca Ambrosiana** (tgl. 9.30–17 Uhr, Sa geschl.), die über 400 000 Bücher besitzt. Große Meister zeigt die **Pinacoteca Ambrosiana**. Auf der Via Bollo geht es zur **Piazza Borromeo** mit engen Gassen, kleinen Werkstätten und hochherrschaftlichen Häusern.

Über Via Sant'Orsola, Via Cappuccio und Via Santa Valeria erreichen Sie die **Basilica di Sant'Ambrogio**. Danach spazieren Sie über die Via Zenale zum Corso Magenta mit der Kirche **Santa Maria delle Grazie** mit Leonardo da Vincis »Abendmahl«, dem eleganten **Palazzo Litta** und dem **Archäologischen Museum**. Am Ende der Via Meravigli geht es über die Piazza Cordusio zum Domplatz.

ÜBERNACHTEN

Eine Unterkunft muss nicht prinzipiell teuer sein, auch in Mailand nicht. Es gibt gute und preiswerte Hotels selbst in zentraler Lage. Es ist alles nur eine Frage der rechtzeitigen Anmeldung und der Reisezeit. Denn wenn z.B. im Frühjahr und Herbst die großen Modeschauen (»sfilate«) stattfinden, werden Betten knapp. Diese Großereignisse beeinflussen natürlich auch die Preise, die dann in die Höhe schnellen.

Ein verlässliches Buchungssystem ist Milano Hotels Central Booking (Telefon 02/ 8 05 42 42 oder 67 07 66 00); www.book-a-hotel-in-milan.com ist ebenfalls empfehlenswert. Weniger verlässlich sind im Übrigen telefonische Reservierungen – gerade im Sommer. Da kann es schon einmal passieren, dass Ihre Vorausbuchung schlicht unter den Tisch gefallen ist. Hotels werden mit Sternen in fünf Kategorien eingeteilt, entscheidend ist die Ausstattung, nicht der Service oder die Atmosphäre. »Alberghi« ist eigentlich der Begriff für Hotels, bezieht sich aber nur auf die besseren Häuser, also jene mit Dusche oder Bad. Die Unterkünfte mit ein oder zwei Sternen werden »pensione« genannt, wenn auch nicht mehr offiziell.

Wollen Sie länger in der Stadt bleiben, sollten Sie sich nach möblierten Apartments erkundigen.

HOTEL-HIGHLIGHTS

Cairoli
Zentral, schöne Zimmer, nette Umgebung.
Via Porlezza 4; Tel. 02 80 13 71, Fax 02 72 00 22 43; Metro: M 1/Cairoli; 38 Zimmer; ab 100 € CREDIT

Cesare Correnti
Preiswert, zentral, klein, einfach und Bad auf der Etage.
Via Cesare Correnti 14; Tel. 0 28 05 76 09; Metro: M 2/S. Ambrogio, Tram 8, 19; 7 Zimmer; ab 45 €

Manzoni
Klein und sehr liebevoll eingerichtet.
Via Santo Spirito 20; Tel. 02 76 00 57 00, Fax 02 78 42 12; Metro: M 3/Montenapoleone; 52 Zimmer; ab 100 € CREDIT

Ritter
Zentrales Hotel mit einem Hauch der 1970er.
Corso Garibaldi 68; Tel. 02 29 00 68 60, Fax 0 26 57 15 12; Metro: M 2/Moscova; 88 Zimmer; ab 100 € CREDIT

Zurigo
Einfach, dafür in Domnähe, mit Fahrradverleih.
Corso Italia 11; Tel. 02 72 02 22 60, Fax 02 72 00 00 13; Metro: M 3/Missori, Tram 15; 41 Zimmer; ab 100 € CREDIT

Das imposante Dach des Mailänder Doms.

MERIAN-Tipps

SPORTLICH

Für einen Stadturlaub mit Sport empfiehlt sich der 20 Min. außerhalb gelegene Residence Club mit Fitnessmöglichkeiten.
Palazzo dei Cigni, 20080 Basiglio; Tel. 02 90 74 61, Fax 02 90 75 40 36; Metro: M 2/ Porta Genova, dann Bus Richtung Milano; 200 Zimmer; ab 180 €

TRADITIONELL

Die ländlich-rustikale Antica Locanda Solferino erinnert an alte, bodenständige Zeiten. Kulturschaffende und Fotomodelle kehren hier gerne ein.
Via Castelfidardo 2; Tel. 0 26 57 01 29, Fax 0 26 57 13 61; Metro: M 2/ Moscova, Bus 43, Tram 29, 30; 11 Zimmer, ab 100 €

Ein Klassiker aus Mailand.

Straßenkunst auf der Piazza del Duomo.

MERIAN-Tipps

GRÜNES MAILAND

Mailand besitzt sehr schöne Parks mit Fußball- und Tennisplätzen, Schwimmbädern und Gastronomie. Empfohlen seien Parco Forlanini (zwischen Viale Forlanini und Via Corelli), Parco dell´Idroscalo (hinter dem Flughafen Linate, Eingang Viale Idroscalo 1) und Parco Sempione (Piazza Sempione).

NASSES MAILAND

Früher verbanden die »navigli«, künstliche Kanäle, Mailand mit den Flüssen Po und Ticino. Später wurden sie zugeschüttet oder überbaut. Lange unbeachtet, ist die Gegend um Naviglio Grande und Naviglio Pavese inzwischen sehr angesagt, man trifft sich gerne an lauen Sommerabenden.

In der Pinacoteca di Brera.

SIGHTSEEING

Einerseits ist Mailand eine moderne, von Autos verstopfte Geschäftsstadt, andererseits eine traditionelle italienische Stadt mit großartigen Bauwerken. Man ist sich in Mailand der Verpflichtung bewusst, dieses historische Erbe zu pflegen.

Es gibt aber auch das Mailand abseits der üblichen Routen. Abgeschiedene Hinterhöfe, grüne Lungen, kleine Kirchen, romantische Orte am Wasser – sie gilt es zu entdecken.

Zu entdecken gibt es auch viel in den ca. 40 Museen der Stadt. Natürlich begegnet man überall Leonardo da Vinci, aber auch andere haben hier ihre Spuren hinterlassen.

SIGHTSEEING-HIGHLIGHTS

Abendmahl

Leonardo da Vincis einmaliges Gemälde hat im Laufe der Zeit arg gelitten, die Restauratoren arbeiten gegen den Verfall an. Alle 15 Min. werden 25 Leute vorgelassen. Karten muss man mehrere Tage im Voraus reservieren!

Piazza Santa Maria delle Grazie 2; Kartentel. 02 89 42 11 46; Metro: M 1/ Conciliazione; Di–So 8.15–18.45 Uhr

Castello Sforzesco

Eine schier uneinnehmbare Burg mitten im Zentrum. Von hier aus wurde die Stadt über Jahrhunderte regiert.

Piazza Castello; Metro: M 1/ Cairoli, Bus 57, 70, 96, 97, Tram 1, 4, 8, 12, 14; Di–So 9–17.30

Duomo Santa Maria Nascente

Das Wahrzeichen der Stadt ist 158 m lang und 66 m breit. Seit 1386 wurde und wird an dem Dom gebaut. Außen verspielt, innen eher düster und voller sehenswerter Details. Lohnend sind auch die Dachterrassen.

Piazza del Duomo; Metro: M 1, M 3/Duomo

Pinacoteca di Brera

Eine großartige Sammlung überwiegend italienischer Kunst von 1300 bis heute, u.a. Raffael, Tintoretto, Tiepolo und Tizian.

Via Brera 28; Metro: M 2/ Lanza, Bus 43, Tram 1, 4, 8, 12; Di–So 8.30–19.15 Uhr

Sant'Ambrogio

Ambrosius wurde 374 zum Bischof gewählt, 386 ließ er diese Basilika errichten. Im Inneren befinden sich das einzige authentische Bildnis von ihm sowie ein Altar aus Gold und Silber.

Piazza Sant'Ambrogio 15; Metro: M 2/ Sant'Ambrogio, Bus 50, 54; 12–14.30 Uhr geschl.

ESSEN UND TRINKEN

Natürlich hält man sich auch in Mailand an die gängige italienische Reihenfolge beim Essen: einem eher kleinen Frühstück (»prima colazione«) folgt ein bescheidenes Mittagessen (»colazione«), dafür ein ausgiebiges Abendessen (»cena«). Es besteht aus »antipasto«, »primo«, »secondo« und zum Abschluss Süßem (»dolce«) oder Käse (»formaggio«). Dabei ist »primo« nicht, wie sonst in Italien, ein Nudel-, sondern in Mailand ein Risottogericht. In Pizzerien und Trattorien respektiert man Ihren eventuellen Wunsch, nur einen Gang zu bestellen. Im Ristorante geht man hingegen davon aus, dass Sie mindestens zwei Gänge ordern.

Die Mailänder haben der italienischen Speisekarte einige Spezialitäten hinzugefügt: »Cotoletta alla milanese« ist eine Art Wiener Schnitzel (allerdings aus Kalbfleisch), »ossobucco« ein Stück Kalbshaxe, und der berühmte Weihnachtskuchen »panettone« stammt auch von hier.

GASTRO-HIGHLIGHTS

Casa Fontana

23 verschiedene und originelle Reisgerichte, da fällt die Entscheidung schwer.

Piazza Carbonari 5; Tel. 0 26 70 47 10; Metro: M 3/Sondrio; tgl. außer Mo, Sa mittags, Aug.; ab 30 €

Cavallini

Traditionelle lombardische Küche mit schönem Garten und gut sortierter Enothek.

Via Macchi 2; Tel. 0 26 69 37 71; Metro: M 2/Centrale; Sa, So und Aug. geschl.; ab 30 €

Cotti

900 verschiedene Weine, 250 unterschiedliche Grappasorten, 200 ausgesuchte Wiskeys – welch herrliche Enoteca.

Via Solferino 42; Metro: M 2/ Moscova; tgl. 8–13 und 15–20 Uhr; So, Mo vormittags geschl.

Joia

Vorzügliches vegetarisches Restaurant, ob Auflauf oder Nudelgericht, alles erstklassig. Reservieren!

Via Panfilo Castaldi 18; Tel. 02 29 52 21 24; Metro: M 2/ Porta Venezia; tgl. außer Sa mittags, So, Aug.

Pizza big

»Big« sind die Pizzen hier wirklich, fast wie Autoreifen. Und zum Teil sehr außergewöhnlich belegt.

Viale Brianza 30; Tel. 0 22 84 65 48; Metro: M 1, M 2/Loreto; tgl. 12–14.30 und 19–22.30 Uhr, So und Aug. geschl.

Bei einem Cappuccino in der Galleria Vittorio Emanuele.

MERIAN-Tipps

BITTER

Alle Welt kennt ihn, diesen roten, bitteren Aperitif. Man trinkt ihn auf Eis, mit Orangensaft oder Selter oder pur. Erfunden wurde er vor über 100 Jahren in der Bar La Zucca von Davide Campari. Und so heißt er auch.

Piazza del Duomo; Metro: M 1, M 3/ Duomo; Di–So bis 21 Uhr

SÜSS

Eisdielen gibt es en masse. Zu den besten gehören La Bottega del gelato (Via Pergolesi 3; Metro: M 2/ Caiazzo), Golosia (Ripa di Porta Ticinese 55; Metro: M 2/Porta Genova) und Grasso (Viale Doria 17; Metro: M 2/ Caiazzo).

NEBENKOSTEN IN €

1 Tasse Kaffee	0,90–2,80
1 Bier	1,30–4,50
1 Cola	0,90–3,80
1 Brot (ca. 500 g)	1,00
1 Schachtel Zigaretten	1,80–2,80
1 Liter Benzin	1,00
Fahrt mit Bus (Einzelfahrt)	1,00
Mietwagen/Tag	ab 40,00

In Mailand konzentriert sich die italienische Modewelt.

MERIAN-Tipps

NIEMAND MUSS MAILAND ohne Kleiderkauf verlassen, denn es gibt Outlet Shops: Mercatino Michela verkauft verbilligte Designerware der letzten Saison (Via Quadronno 34; Metro: M 3/ Crocetta und Corso Venezia 8; Metro: M 1, San Biblia). Gleiches tut Salvagente (Via Fratelli Bronzetti 16, Bus 60, 62). Und bei Le Scarpe le Borse gibt es Schuhe und Taschen günstiger (Piazza Fidia 3; Tram 4, 11).

EINKAUFEN

Mailand ist eine wahre (und teure) Modemetropole. Im »Goldenen Dreieck« zwischen Piazza della Scala, Piazza Cavour und Corso Monforte haben sich alle großen Modelabels eingerichtet. Hier sieht man und wird gesehen, trägt voller Stolz die Einkaufstüten. Die Showrooms der großen Marken befinden sich an Via Montenapoleone, Via Sant' Andrea, Via Santo Spirito und Via Bagutta. Dort können Sie die Mode von morgen bestaunen.

Aber vielleicht gehen Sie lieber ins Brera-Viertel, in die Via Paolo Sarpi, den Corso di Porta Ticinese und den Corso Vittorio Emanuele. Dort ist die Mode nämlich günstiger. Weitere beliebte Einkaufsstraßen sind die Via Dante und der Corso Buenos Aires. Alternative Mode finden Sie nahe der Navigli. Der Plan »modamilano, vie della moda«, der beim Touristenbüro ausliegt, zeigt, wo es was gibt, und hilft auf jeden Fall bei der Planung Ihrer Shoppingtour.

Mailand ist aber auch ein Mekka des modernen Designs. Wer sich eher für Antiquitäten interessiert, wird am Naviglio Grande oder auf sonntäglichen Märkten wie dem in der Via Santa Maria Segreta sicherlich fündig.

SHOPPING-HIGHLIGHTS

Flos

Riesenauswahl allerschönster Lampen.

Corso Monforte 9; Metro: M 1/San Bablia

La Rinascente

Während Kaufhäuser wie Upim und Coin eher einfach sind, ist dieses Center neben dem Dom das niveauvollste der Stadt.

Piazza Duomo; Metro: M1, M3/ Duomo; bis 22 Uhr geöffnet

Peck

Ein wahrer Gourmet-Tempel mit sehr verführerischen Schaufenstern. Zum Laden gehört auch die Casa del Formaggio, in der es ausschließlich Käse gibt.

Via Spadari 4; Metro: M 1, M 3 Duomo; 12–15 Uhr geschl.

Via della Seta

Alle Kleidungsstücke, die es hier gibt, sind aus Seide. Und bezahlbar.

Via Bramante 32; Metro: M 2/ Moscova, Tram 12, 14

Viale Papiniano

Sehr bunter Markt, auf dem es Unterwäsche und Fisch, Wurst, Schuhe und vieles mehr gibt. Dienstag- und Samstagvormittag.

Metro: M 2/ Sant'Agostino

Verschnaufpause mit Ambiente.

AM ABEND

Gerne wird der Abend mit einem ausgiebigen Menü begonnen. Dann geht es in die Clubs und Diskotheken. Natürlich gut gekleidet. Denn man will sich zwar amüsieren, aber auch sehen und gesehen werden. Und oft genug steht man plötzlich neben einem Promi. Die Wichtigen und Schönen teffen sich in der Galleria Vittorio Emanuele II auf einen Cocktail. Studenten zieht es gerne in das Brera-Viertel. Oder man schlendert zunächst um den Dom, genießt ein Getränk in den Cafés am Corso Vittorio Emanuele und stürzt sich dann ins laute Nachtleben.

Etwas besinnlicher geht es in den vielen Jazzclubs zu. Oder man schlendert zu den Navigli, den alten Kanälen. Dort ist das Wohnen teuer geworden, gute Bars und und Restaurants haben sich am Wasser etabliert. Vielleicht hatten Sie aber auch Glück und konnten Karten für die Scala ergattern. Einen hervorragenden Ruf besitzt auch das Orchestra Sinfonica di Milano Giuseppe Verdi. Ausländische Orchester gastieren oft im Conservatorio Giuseppe Verdi.

Und sollten Sie spät noch Hunger verspüren – auch kein Problem. Einige Lokale bieten bis um 4 Uhr morgens noch Warmes an.

NIGHTLIFE-HIGHLIGHTS

Bar Margherita
Großes Sortiment an Whiskey und Grappa, dazu Jazz live.
Via Moscova 25; Metro: M 2/Moscova; Mo–Sa 12–2 Uhr

Capolinea
Traditionsreiches Jazzlokal, Livemusik und gute Gerichte. Im Sommer mit schönem Garten.
Via Ludovico il Moro 119; Tram 19; tgl. außer Mo

Nephenta
Die unverrückbare Größe in der Mailänder Disko-Szene: Seit über 25 Jahren hält sich der Laden, auch Promis kommen gerne.
Piazza Diaz 1; Metro: M 1/Duomo; Mo–Sa 21–3 Uhr

Ponte di Brera
Eine der guten, alten Piano-Bars. Eine Etage tiefer befindet sich die Bar »Giamaica«.
Via Brera 32; Metro: M 2/Moscova; tgl. außer So

Volo
Das sieht man nicht alle Tage: ein Nachtlokal, das nach der Feng-Shui-Lehre eingerichtet wurde. Toller Garten.
Viale Beatrice d'Este, Ecke Via Patellani; Metro: M 3/Porta Romana

Weltbekanntes Theater: die Mailänder Scala.

MERIAN-Tipps

GLÜCK: TEATRO ALLA SCALA
Die frisch renovierte Scala gehört zu den besten klassischen Bühnen der Welt. In der Saison (Dez.–Juli) sind Karten schwer zu bekommen, Restplätze für Vorstellungen am selben Abend gibt es ab 12 Uhr mit 50% Rabatt.
Piazza della Scala 1; Metro: M1, M3/Duomo; Info-Tel. 02 72 00 37 44, Fax 02 8 87 92 97, Reservierungen Tel. 02 86 07 87; www.teatroallascala.org

ROMANTIK
Am Naviglio Pavese locken viele Kneipen und Restaurants. Eine der romantischsten ist das Scimmie: Dort sitzt man auf einem alten Kahn, speist, trinkt und genießt Livemusik.
Via Ascania Sforza 49; Metro: M 2/Porta Genova, Bus 59; tgl. außer Di 20–2 Uhr

Sommernächte werden lang...

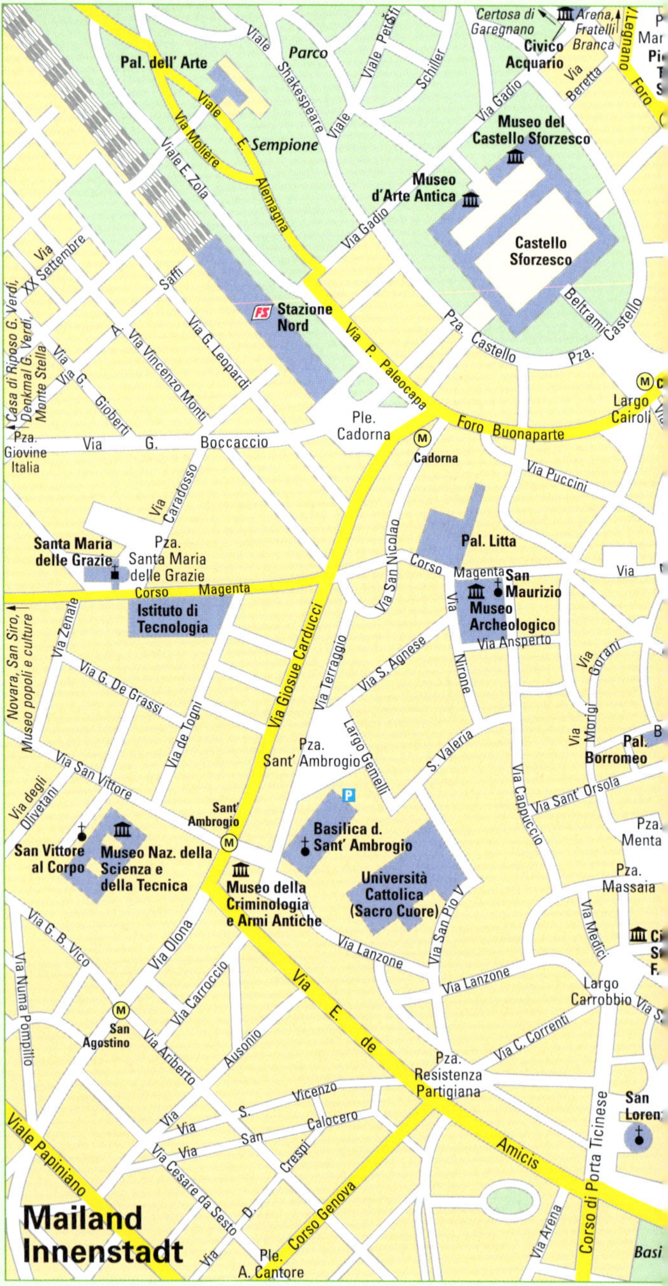
Mailand
Innenstadt
Pal. dell' Arte
Parco
Sempione
Viale E. Alemagna
Via Molière
Viale E. Zola
Viale Shakespeare
Viale Petőfi
Viale Schiller
Certosa di Garegnano
Arena, Fratelli Branca
Civico Acquario
Via Beretta
Via Gadio
Museo del Castello Sforzesco
Museo d'Arte Antica
Castello Sforzesco
Beltrami
Pza. Castello
Stazione Nord
Via P. Paleocapa
Ple. Cadorna
Cadorna
Foro Buonaparte
Largo Cairoli
Via XX Settembre
Saffi
Via G. Leopardi
Via Vincenzo Monti
Via G. Giobberti
Casa di Riposo G. Verdi, Denkmal G. Verdi, Monte Stella
Pza. Giovine Italia
Via G. Boccaccio
Via Caradosso
Via Puccini
Pal. Litta
Via San Nicolao
Corso Magenta
San Maurizio
Museo Archeologico
Via Ansperto
Santa Maria delle Grazie
Pza. Santa Maria delle Grazie
Istituto di Tecnologia
Via Giosue Carducci
Via Terraggio
Via S. Agnese
Via Nirone
Via Gorani
Via Morigi
Pal. Borromeo
Via Zenale
Novara, San Siro, Museo popoli e culture
Via G. De Grassi
Via de Togni
Pza. Sant' Ambrogio
Largo Gemelli
Via S. Valeria
Via Cappuccio
Via Sant' Orsola
Pza. Menta
Pza. Massaia
Via San Vittore
Via degli Olivetani
Sant' Ambrogio
San Vittore al Corpo
Museo Naz. della Scienza e della Tecnica
Basilica d. Sant' Ambrogio
Università Cattolica (Sacro Cuore)
Via San Pio V
Museo della Criminologia e Armi Antiche
Via Lanzone
Via Medici
Largo Carrobbio
Via G. B. Vico
Via Olona
Via Numa Pompilio
Via Carroccio
Via E. de Amicis
San Agostino
Via Ariberto
Ausonio
Via C. Correnti
Pza. Resistenza Partigiana
Via S. Vicenzo
Via San Calocero
Via Crespi
Via Cesare da Sesto
Viale Papiniano
Corso Genova
Via D.
Ple. A. Cantore
Via Arena
Corso di Porta Ticinese
San Lorenzo
Basi

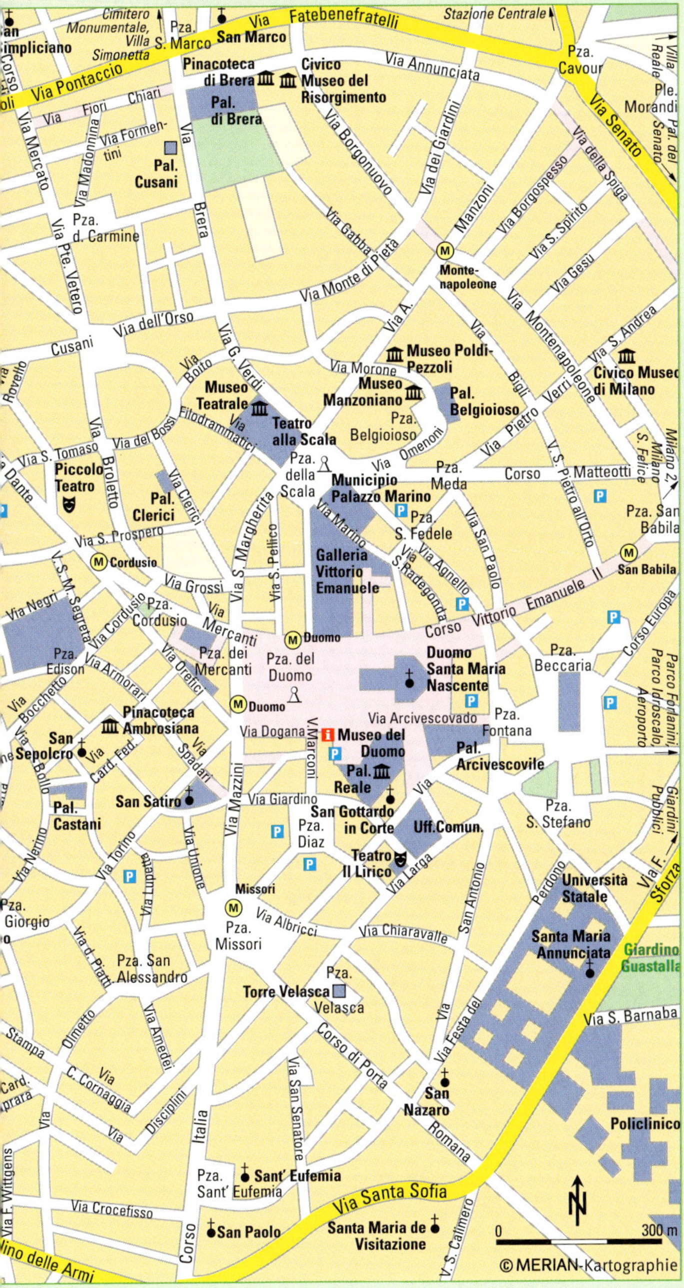

Cimitero Monumentale, Villa Simonetta
Pza. S. Marco
San Marco
Via Fatebenefratelli
Stazione Centrale
San Simpliciano
Corso
Via Pontaccio
Pinacoteca di Brera
Civico Museo del Risorgimento
Via Annunciata
Pza. Cavour
Villa Reale
Ple. Morandi
Via Senato
Pal. del Senato
Via Fiori Chiari
Pal. di Brera
Via Mercato
Via Madonnina
Via Formentini
Pal. Cusani
Via Brera
Via Borgonuovo
Via dei Giardini
Via della Spiga
Via Borgospesso
Via Manzoni
Via S. Spirito
Pza. d. Carmine
Via Pte. Vetero
Via Gabba
Via Monte di Pietà
Montenapoleone
Via Gesù
Via Montenapoleone
Via dell'Orso
Cusani
Via A.
Via S. Andrea
Via Bigli
Museo Poldi-Pezzoli
Civico Museo di Milano
Via Rovello
Via Boito
Via G. Verdi
Via Morone
Museo Manzoniano
Pal. Belgioioso
Museo Teatrale
Filodrammatici
Teatro alla Scala
Pza. Belgioioso
Via Omenoni
Via Pietro Verri
Via S. Tomaso
Via del Bossi
Via Broletto
Piccolo Teatro
Pza. della Scala
Municipio Palazzo Marino
Pza. Meda
Corso Matteotti
Milano 2, Milano S. Felice
Via Dante
Pal. Clerici
Via Clerici
Via S. Margherita
Via Marino
Pza. S. Fedele
Via San Paolo
V. S. Pietro all'Orto
Pza. San Babila
Via S. Prospero
Cordusio
Via S. Pellico
Galleria Vittorio Emanuele
Via S. Radegonda
Via Agnello
San Babila
Via Grossi
Via S. M. Segreta
Via Negri
Via Cordusio
Pza. Cordusio
Via Mercanti
Duomo
Corso Vittorio Emanuele II
Corso Europa
Pza. Edison
Via Armorari
Pza. dei Mercanti
Pza. del Duomo
Duomo Santa Maria Nascente
Pza. Beccaria
Parco Forlanini, Parco Idroscalo, Aeroporto
Via Bocchetto
Via Orefici
Pinacoteca Ambrosiana
Via Arcivescovado
Pza. Fontana
Via Dogana
V. Marconi
Museo del Duomo
Pal. Arcivescovile
San Sepolcro
Via Bollo
Via Card. Fed.
Via Spadari
Via Mazzini
Pal. Reale
Pal. Castani
San Satiro
Via Giardino
San Gottardo in Corte
Uff. Comun.
Pza. S. Stefano
Giardini Pubblici
Via Nerino
Via Torino
Pza. Diaz
Via Lupetta
Via Unione
Teatro Il Lirico
Via Larga
Via Perdono
Università Statale
Via F. Sforza
Pza. Giorgio
Missori
Via Albricci
Via Chiaravalle
Via San Antonio
Via d. Piatti
Pza. Missori
Santa Maria Annunciata
Giardino Guastalla
Pza. San Alessandro
Pza. Velasca
Torre Velasca
Via Amedei
Via Olmetto
Corso di Porta Romana
Via Festa del Perdono
Via S. Barnaba
Via Stampa
Via C. Cornaggia
Via Card. Caprara
Via Disciplini
Via San Senatore
San Nazaro
Policlinico
Corso Italia
Via F. Wittgens
Pza. Sant' Eufemia
Sant' Eufemia
Via Santa Sofia
Via Crocefisso
San Paolo
Santa Maria de Visitazione
V. S. Calimero
Vino delle Armi
0
300 m
N
© MERIAN-Kartographie

Metroplan Mailand

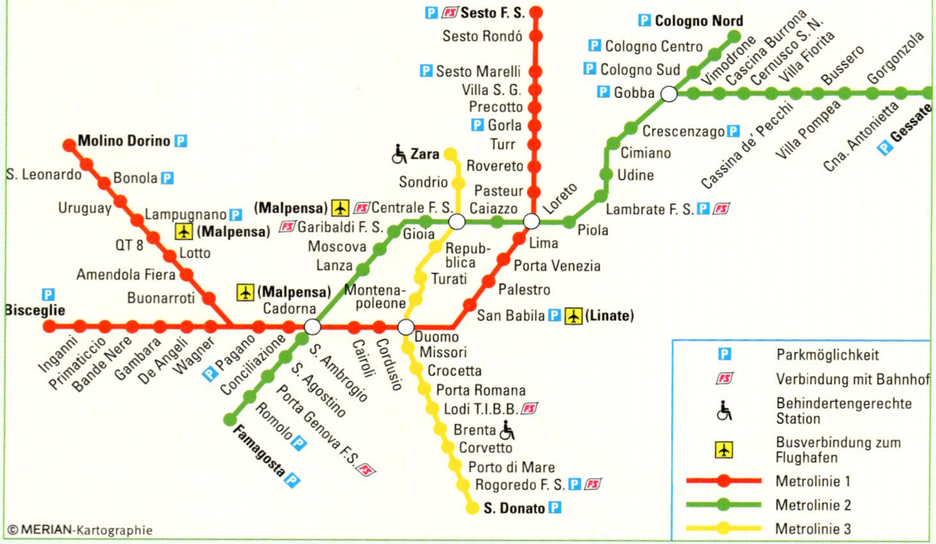

PARIS

Flaneure und Gourmets fühlen sich hier wohl, Lebenskünstler und Liebhaber großer Kunst. Paris begeistert immer wieder.

Bei Tag und Nacht atemberaubend: das Wahrzeichen der Stadt, der Eiffelturm.

PARIS ZU FUSS

Montmartre ist für viele das verruchte Viertel und daher ein beliebtes Ziel, doch trotz des großen Besucherandranges besitzt es nach wie vor verträumte Ecken. Einst standen hier Windmühlen zwischen Weinbergen. Kaum zu glauben!

Sie starten an der Métrostation Blanche. Schon sehen Sie das berühmte **Moulin Rouge,** das Henri de Toulouse Lautrec so eindrucksvoll verewigte. In der Rue Lepic 54 wohnte ein anderer Künstler, nämlich Vincent van Gogh, bei seinem Bruder Theo. Weiter auf der Rue des Abbesses. Die grüne Jugendstilüberdachung der **Métrostation Abbesses** ist ein beliebtes Fotomotiv.

Auf der Rue Ravigan erreichen Sie die **Place Emile Goudeau.** Picasso malte hier sein berühmtes Bild »Les Demoiselles d'Avignon«. Weiter auf der Rue Girardon. In der Nähe arbeitete um 1895 Auguste Renoir. Mehr über das Viertel erfahren Sie im **Musée de Montmartre** (12, rue Cortot, tgl. 14–18, So 11–18 Uhr, Mo geschl.). Auf der kleinen Rue Rustique kommen Sie zur **Saint-Pierre de Montmartre** und bald darauf zur berühmten Kathedrale **Sacré-Cœur.** Hier können Sie sich auf der Freitreppe von Ihrer Wanderung erholen.

ÜBERNACHTEN

Ob links oder rechts der Seine ist eine Frage des Geldbeutels. Rechts locken die Luxustempel wie Crillon, Ritz oder Plaza-Athénée. Links bieten sich die kleineren, weniger teuren Hotels an. Aber auch im Marais oder im Bastille-Viertel gibt es günstige Möglichkeiten. Die Preise gelten im Allgemeinen pro Zimmer, aber ohne Frühstück.

Die ca. 1500 Pariser Hotels werden in vier Kategorien eingeteilt. Vier Sterne erfüllen alle Wünsche, drei Sterne bieten zumindest Telefon und Aufzug. Bei Zwei-Sterne-Häusern kann man zwischen Dusche oder Bad wählen. Und im Hotel mit nur einem Stern darf man nicht mehr erwarten als vier Wände. Staatlich kontrollierte Hotels erkennen Sie am blauen Schild neben dem Eingang, das die Sterne-Anzahl anzeigt. Üblich sind übrigens Doppelbetten, nach getrennten Betten muss man fragen.

Wer es noch individueller mag, kann eine Privatunterkunft buchen. Was als Bed & Breakfast bekannt ist, heißt in Paris Café-Couette, Federbett. Sie müssen allerdings mindestens zwei Nächte bleiben.

HOTEL-HIGHLIGHTS

Jeanne d'Arc
Sauber, eigenes Bad, recht ruhig und doch mitten im Marais.
3, rue de Jarente; Tel. 48 87 62 11, Fax 48 87 37 31; Métro: Saint Paul; 36 Zimmer; ab 70 €

Jardin des Plantes
Liebevoll restauriertes, ruhig und zentral gelegenes Haus.
5, rue Linné; Tel. 47 07 06 20, Fax 47 07 62 74; Métro: Jussieu; 33 Zimmer; ab 70 € AmEx MASTER

Prima Lepic
Mitten auf dem Montmartre in einer kleinen Marktstraße, deshalb nicht sonderlich leise, aber sehr gemütlich.
29, rue Lepic; Tel. 46 06 44 64, Fax 46 06 66 11; Métro: Blanche; 38 Zimmer; ab 70 € AmEx MASTER

Prince Eugene
Unweit des lebhaften Bastille-Viertels, etwas geräumigere Zimmer im 6. Stock.
247, bd. Voltaire; Tel. 43 71 22 81, Fax 43 71 24 71; Métro: Nation; 35 Zimmer; ab 70 € AmEx MASTER

Vieux Marais
Einfaches, familiäres Hotel mit äußerst freundlichem Service.
8, rue du Plâtre; Tel. 42 78 47 22; Fax 42 78 34 32; Metro: Hotel de Ville; 30 Zimmer; ab 70 € AmEx MASTER

Nicht nur Romantiker treffen sich auf der Treppe vor Sacré-Cœur.

MERIAN-Tipps

PRIVAT
Wer lieber privat übernachten möchte, sollte Good Morning Paris kontaktieren. Dort vermittelt man Ihnen Unterkünfte für 40–50 €. Mindestaufenthalt sind zwei Nächte.
43, rue Lacépède;
Tel. 47 07 28 29,
Fax 47 07 44 45;
Métro: Jussieu

SPÄT
Einen ganz besonderen Service bietet das kleine Hotel Lenox: Bis nachts um 2 Uhr werden kleine Gerichte auf das Zimmer gebracht. Sie müssen also nach einem Theaterbesuch o.ä. nicht hungrig ins Bett fallen.
9, rue de l'Université;
Tel. 42 96 10 95,
Fax 61 52 83; Métro:
St-Germain-des-Prés;
34 Zimmer; ab 70 €

Prunk und Pracht im Plaza-Athénée.

Das Centre Pompidou ist ein Forum für zeitgenössische Kunst.

MERIAN-Tipps

VIEL BEWEGUNG

90 Jahre Filmgeschichte in 60 Räumen bietet das einmalige Musée du Cinéma. Die ersten Kameras, Originalkleidung aus großen Filmen und vieles mehr, in einem Nebenraum alte Filme nonstop.

Palais de Chaillot, Pl. du Trocadéro; Métro: Trocadéro

VIEL RUHE

Der berühmteste Friedhof der Stadt ist Cimetière du Père Lachaise, denn hier ruhen u.a. Molière, Balzac und Proust. Besonders die Fans von Edith Piaf und Jim Morrison pilgern hierher.

16, rue du Repos;
Métro: Père Lachaise, Philippe Auguste; tgl. 8–17.30 Uhr

In der Kathedrale Notre-Dame.

SIGHTSEEING

Arc de Triomphe, Notre-Dame, Champs-Elysées, der Eiffelturm oder Bois de Boulogne – Paris steht für unzählige historische Attraktionen, und doch ist die Zeit in der stolzen Seine-Metropole nicht stehen geblieben. Zielstrebig wurden neue Bauten in das Stadtbild integriert. Dabei gehört das Centre Pompidou fast schon zu den Klassikern. Die Opéra de la Bastille und das Büroviertel La Défense sind weitere hervorragende Beispiele gelungener moderner Architektur.

Riesig ist das museale Angebot. Man kann den Spuren Picassos, Delacroix' oder Rodins folgen, Spezialmuseen für Wein und Mode oder natürlich den Louvre besuchen.

Wer mehrere Museen besuchen möchte, kauft die »Carte Musées et Monuments«. Sie gewährt freien Eintritt in viele Museen. Außerdem braucht man sich nicht in eventuelle Warteschlangen einzureihen.

SIGHTSEEING-HIGHLIGHTS

Centre Pompidou-Beaubourg

Der futuristische Kunst- und Kulturtempel von 1977 ist immer noch eine Sensation.

120, rue St-Martin; Tel. 44 78 12 33; Métro: Rambuteau, Hotel de Ville; tgl. 11–22, Sa und So 10–22 Uhr, Di geschl.

Eiffelturm (Tour Eiffel)

Von der 320 m hohen, von Gustav Eiffel erdachten »Stahlvenus« kann man bei schönem Wetter bis zu 100 km weit schauen.

Métro: Pont de l´Alma, Champ de Mars, Trocadéro; tgl. 9.30–22.30 Uhr

Musée du Louvre

Die größte Kunstsammlung der Welt, die u.a. die Mona Lisa, die Venus von Milo und die Nike von Samothrake beherbergt.

Pl. du Louvre; Métro: Palais Royal, Louvre-Rivoli; tgl. außer Di 9–17.30, Mi bis 21.30 Uhr

Musée d'Orsay

In dem ehemaligen Bahnhof wird Kunst aus der Zeit von 1848 bis 1907 gezeigt, darunter Meisterwerke des Impressionismus.

1, rue de Bellechasse; Métro: Solférino; tgl. 9–18, Do 9–21.45 Uhr, Mo geschl.

Notre-Dame

Das Wahrzeichen der Stadt, 1345 errichtet. 1804 wurde Napoleon hier zum Kaiser gekrönt. Fantastischer Ausblick vom Turm.

Pl. du Parvis Notre-Dame; Métro: Cité; Turmaufstieg tgl. 10–17, im Sommer bis 18 Uhr

ESSEN UND TRINKEN

Pariser Gastronomie kann spektakulär sein, die Preise sind es dann oft auch. Doch das muss nicht schrecken, denn es existieren genügend preisgünstigere Alternativen. Schließlich warten in der Stadt 12 000 Lokale auf Gäste, und das Spektrum reicht von Cafés über Bistros und Brasserien bis zu edlen Restaurants.

Morgens wird das Frühstück, »le petit déjeuner«, gerne im Café eingenommen. Mittags begibt man sich zum »déjeuner« ins Bistro oder die Brasserie. Bistros können einfache Familienbetriebe sein, aber auch vornehmere Etablissements. Brasserien finden sich oft in hübschen historischen Jugendstilhallen.

Abends geht es dann zum »dîner«. Es besteht aus dem »entrée« (Vorspeise), dem Hauptgang, dem »dessert« (Nachtisch), danach kann, wer möchte, noch »fromage« (Käse) bestellen. Sie werden übrigens vom Oberkellner zum Tisch geleitet und platzieren sich nicht selbst.

GASTRO-HIGHLIGHTS

Astier

Gute und günstige Menüs, und das in sehr gemütlicher Atmosphäre.

44, rue Jean-Pierre Timbaud; Tel. 43 57 16 35; Métro: Parmentier; tgl. 12–14 und 20–23 Uhr; Sa und So geschl.; ab 23 € MASTER

Le Balzar

Sehr beliebt unter den Professoren und Studenten der nahen Sorbonne.

49, rue des Ecoles; Tel. 43 54 13 67; Métro: Cardinal Lemoine; tgl. 12–24 Uhr; ab 25 € AmEx MASTER

Chez Paul

Traditionsreiches, bei Künstlern sehr beliebtes Bistro im Bastille-Viertel, eher bodenständige Küche.

13, rue Charonne, Ecke rue de Lappe; Tel. 47 00 34 57; Métro: Bastille; tgl. bis 0.30 Uhr; ab 25 € AmEx MASTER

Thoumieux

Traditionelles Restaurant mit ländlicher französischer Küche in bester Qualität.

79, rue Saint-Dominique; Tel. 47 05 49 75; Métro: Invalides; tgl. 12–24 Uhr; ab 40 € MASTER

Le Vaudeville

Brasserie im Stil der 1930er, immer voll, im Sommer mit schöner Terrasse.

29, rue Vivienne; Tel. 40 20 04 62; Métro: Bourse; tgl. bis 2 Uhr; ab 40 € AmEx MASTER

Wer's edel mag: Austern serviert die Bar à Huîtres.

MERIAN-Tipps

PROVENCE IN PARIS

Flora Mikula hat ihr kleines Lokal mit bunten provenzalischen Stoffen ausgestaltet. Serviert wird die deftige Küche Südfrankreichs. Ihre Pizza ist mehr als einen Biss wert.

41, av. de Ségur; Tel. 47 83 70 09; Métro: St-François-Xavier, Sa mittag und So geschl., ab 25 €

ENGLAND IN PARIS

Es muss ja nicht immer Wein sein. Teesalons erfreuen sich zunehmender Beliebtheit. Der berühmteste Salon ist Angelina, saßen an Tisch 12 doch schon Coco Chanel und Marcel Proust.

226, rue de Rivoli; Métro: Tuileries; tgl. 9.30–19 Uhr

NEBENKOSTEN IN €

1 Tasse Kaffee	2,50–3,00
1 Bier	3,00–4,00
1 Cola	3,00
1 Brot (ca. 500 g)	0,70
1 Schachtel Zigaretten	2,50
1 Liter Benzin	1,00
Fahrt mit Bus (Einzelfahrt)	1,20
Mietwagen/Tag	30,00

Pariser Haute Couture zum Greifen nah – und zu superben Preisen.

MERIAN-Tipps

SCHNÄPPCHEN 1

Paris besitzt ein sehr reges Markt- und Flohmarkttreiben. Jedes Viertel pflegt seinen eigenen Markt. Der größte Flohmarkt ist der Marché aux Puces de Saint-Quen, auf dem alle Preis- und Qualitätsklassen zu entdecken sind.

Metro:
Porte de Clignancourt;
Sa, So und Mo 5–16 Uhr

SCHNÄPPCHEN 2

Selbst in Paris muss Mode nicht teuer sein. Das Schild »soldes permanentes« weist auf Dauerausverkauf hin. Billigere Stücke, in denen das Designerlabel noch angenäht ist, werden als »stocks griffe« angeboten. Sind die Schilder herausgetrennt, heißen sie »stocks dégriffés».

Die Boutique von Sonia Rykiel.

EINKAUFEN

Die Stadt der großen Modemacher. Die meisten findet man in der Avenue Montaigne und in der Rue du Faubourg Saint-Honoré. Hermès, Dior, Cardin und viele andere warten hier auf zahlungskräftige Kundschaft. Andere, wie Sonia Rykiel und Claude Montana, residieren in Saint-Germain-des-Prés.

Die jüngeren französischen und auch die Modemacher aus Japan haben ihre Boutiquen mehrheitlich in der Rue Etienne Marcel und um die Place des Victoires. Wer lieber Schmuck als Mode kauft, kann die Auslagen zwischen Oper und Place Vendôme bestaunen. Und wer sich an Delikatessen satt sehen oder essen will, steuere die entsprechenden Geschäfte rund um die Madeleine-Kirche an. Shopping total verspricht auch Forum des Halles, der so genannte Bauch von Paris. 300 000 Menschen spazieren tagtäglich an den unzähligen Geschäften und Restaurants vorbei.

Lohnenswert sind auch die vielen Passagen und Galerien. Als die schicksten gelten Véro-Dodat und Vivienne. Legendär sind die Kaufhäuser Galeries Lafayette und Le Printemps. Paris ist eben eine der Top-Shoppingstädte.

SHOPPING-HIGHLIGHTS

Dehillerin

Bereits seit 1820 gibt es dieses Geschäft, in dem Hobby- und Profiköche alle, wirklich alle Utensilien finden.

18-20, rue Coquilliére; Tel. 42 36 53 13; Métro: Les Halles

Fauchon

Ein Delikatessenladen vom Allerfeinsten, immer großartig dekoriert.

26, 28 und 30, pl. de la Madeleine; Métro: Madeleine

Galeries Lafayette

Beeindruckendes Kaufhaus mit legendärer Parfümabteilung, schöne Glaskuppel und große Dachterrasse.

40, bd. Haussmann; Metro: Chausée d'Antin

Israël

Kaum ein anderer Laden bietet wohl so eine Vielzahl an exotischen Kräutern und Gewürzen.

30, rue François-Miron; Métro: Saint-Paul

Poilâne

Der Superbäcker mit dem berühmten dunklen Brot und dem einmaligen Apfelkuchen (»tarte aux pommes«).

8, rue du Cherche-Midi; Métro: Sèvres-Babylone, und:
49, bd. de Grenelle; Métro: Dupleix

AM ABEND

Abends wird zum Sehen und Gesehen werden auf den Champs-Elysées flaniert. Man geht in eines der In-Lokale im Marais, im Hallenviertel oder in der Rue de Lappe, der Amüsiermeile hinter der Bastille-Oper. Fügt sich in das pulsierende Treiben in Saint-Germain, dem Quartier Latin oder Montparnasse ein. Auf dem Montmartre warten die berühmten Revuen.

Zu warnen ist vor »Les Cabarets«. In diesen Lokalen warten Damen nur darauf, ahnungslose Touristen zu schröpfen. Unbedingt zu empfehlen sind hingegen die Theater. Selbst wenn Sie die Sprache nur rudimentär beherrschen, ist der Besuch eines der zahlreichen kleinen Häuser ein Erlebnis. Die Franzosen pflegen ihre Klassiker und spielen ihre Molières und Zolas meist sehr werkgetreu.

Der Strom der Nachtschwärmer, der »nuitards«, will schier nicht abreißen. Sie gehen einen ganz bestimmten Parcours, einen »circuit« durch verschiedene Kneipen, bevor sie in einem Club ankommen. Sie sind die »branchés«, die wissen, wo es langgeht, und sie bestimmen, welches Lokal gerade »boîtes«, ein Szenelokal, ist. Und das kann sich permanent ändern, denn wenn einmal das Gros der jungen Leute eine Adresse entdeckt hat, ist schon der nächste Hotspot definiert.

NIGHTLIFE-HIGHLIGHTS

Alcazar
Einst ein berühmtes Varietee, heute angesagter Treffpunkt.
62, rue Mazarine; Métro: Odeon

La Nouvelle Eve
Klassische Pariser Revue mit French Cancan.
25, rue Fontaine; Tel. 48 74 69 25; Métro: Blanche

Le Batofar
Disko auf einem alten, umgebauten Seine-Schiff.
Gegenüber 11, quai François Mauriac;
Métro: Bibliotheque F. Mitterrand

Rex Club
Riesenladen mit neuestem Elektro-Sound.
5, bd Poissonniere; Métro: Bonne Nouvelle

Videotheque
Für Paris-Fans einmalig, denn hier werden alte Wochenschauen sowie Filme über die Stadt gezeigt.
2, Grande Galerie, Forum, Porte St-Eustache;
Tel. 40 26 34 30; Métro: Les Halles; Di–Sa 12.30–21 Uhr

Afrikanische Rhythmen im Le Tango: Jeder tanzt mit.

MERIAN-Tipps

COOLE RHYTHMEN
Paris besitzt eine sehr große, etablierte Jazzszene. Zu den besten Adressen gehören Hot Brass, der größte Jazzclub Europas (211, av. Jean-Jaurès; Métro: Porte de Pantin), und das New Morning, in dem schon viele Größen gastierten (7, rue des Petites Ecuries; Métro: Château).

HEISSE RHYTHMEN
Der Einfluss schwarzafrikanischer Kultur in Paris ist groß. Wer ihr nachts näher kommen will: Clubs wie das KeurSamba (79, rue de la Boétie; Metro: St-Philippe-du-Roule) und Le Cithéa (114, rue Oberkampf; Métro: Parmentier) gehören derzeit zu den interessantesten Treffpunkten.

Jazzinstitution New Morning.

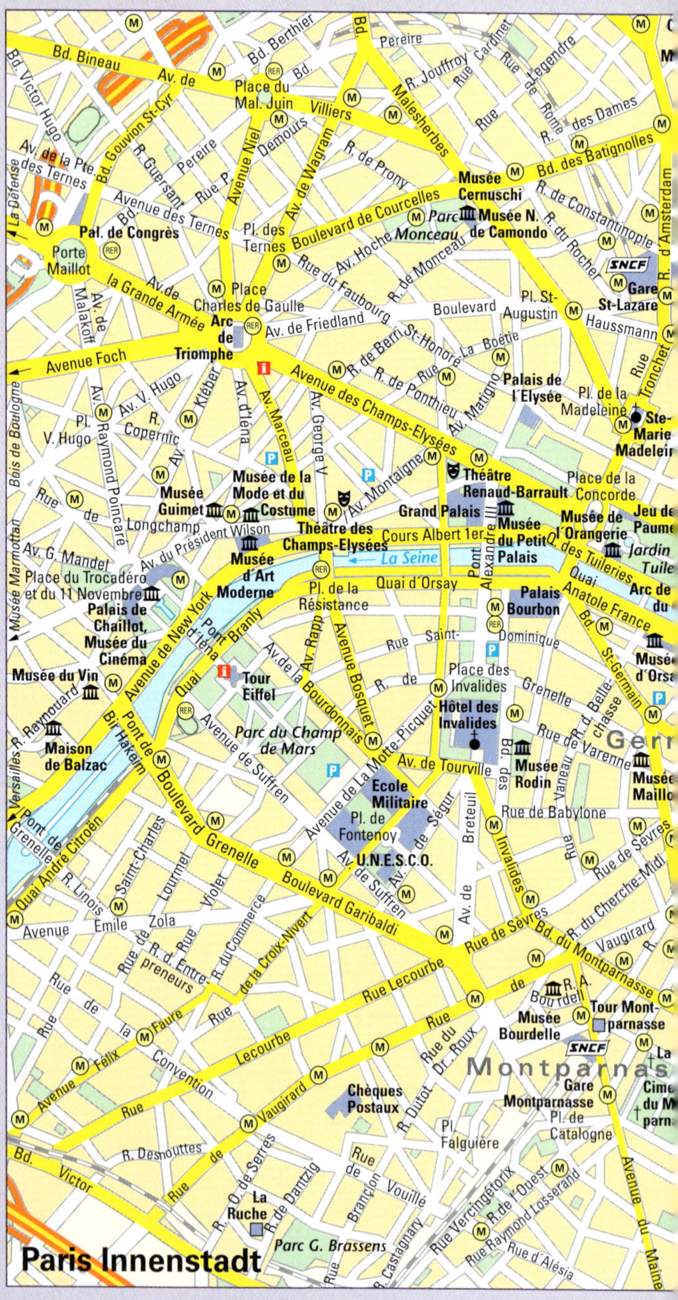
Paris Innenstadt
Bd. Bineau
Av. de Villiers
Place du Mal. Juin
Bd. Berthier
Bd. Pereire
R. Jouffroy
Rue Cardinet
Rue de Rome
R. Legendre
R. des Dames
Bd. des Batignolles
Malesherbes
R. de Prony
Musée Cernuschi
Parc Monceau
Musée N. de Camondo
Boulevard de Courcelles
Av. de Wagram
Avenue Niel
Demours
Bd. Gouvion St-Cyr
R. Guersant
Rue Pereire
Avenue des Ternes
Pl. des Ternes
Av. de la Pte. des Ternes
La Défense
Pal. de Congrès
Porte Maillot
Av. de la Grande Armée
Av. de Malakoff
Av. Hoche
Rue du Faubourg St-Honoré
R. de Monceau
Place Charles de Gaulle
Arc de Triomphe
Av. de Friedland
Boulevard Haussmann
Pl. St-Augustin
Gare St-Lazare
R. de Constantinople
R. du Rocher
R. d'Amsterdam
Rue Tronchet
Avenue Foch
Av. V. Hugo
Pl. V. Hugo
R. Copernic
Av. Kléber
Av. d'Iéna
Av. Marceau
Av. George V
Avenue des Champs-Elysées
R. de Berri
R. de Ponthieu
Rue La Boétie
Av. Matignon
Palais de l'Elysée
Pl. de la Madeleine
Ste-Marie Madeleine
Bois de Boulogne
Av. Raymond Poincaré
Rue de Longchamp
Musée Guimet
Musée de la Mode et du Costume
Av. Montaigne
Théâtre Renaud-Barrault
Place de la Concorde
Grand Palais
Musée du Petit Palais
Jeu de Paume
Musée de l'Orangerie
Jardin des Tuileries
Av. du Président Wilson
Théâtre des Champs-Elysées
Cours Albert 1er
La Seine
Pont Alexandre III
Av. G. Mandel
Place du Trocadéro et du 11 Novembre
Musée d'Art Moderne
Palais de Chaillot, Musée du Cinéma
Musée Marmottan
Pl. de la Résistance
Quai d'Orsay
Palais Bourbon
Q. des Tuileries
Quai Anatole France
Arc de ...
Avenue de New York
Pont d'Iéna
Quai Branly
Av. Rapp
Avenue Bosquet
Rue Saint-Dominique
Place des Invalides
Rue de Grenelle
Bd. St-Germain
Musée d'Orsay
Musée du Vin
R. Raynouard
Tour Eiffel
Av. de la Bourdonnais
Av. de la Motte-Picquet
Hôtel des Invalides
R. de Bellechasse
Rue de Varenne
Musée Rodin
Musée Maillol
Maison de Balzac
Versailles
Pont de Bir Hakeim
Avenue de Suffren
Parc du Champ de Mars
Av. de Tourville
Bd. des Invalides
Rue Vaneau
Ecole Militaire
Pl. de Fontenoy
Av. de Ségur
Av. de Breteuil
Rue de Babylone
Rue de Sèvres
Pont de Grenelle
Quai André Citroën
Boulevard de Grenelle
Boulevard Garibaldi
U.N.E.S.C.O.
R. du Cherche-Midi
R. Linois
R. Saint-Charles
Rue Lourmel
Rue Violet
Rue du Commerce
Avenue Emile Zola
R. d. Entrepreneurs
R. de la Croix-Nivert
Bd. du Montparnasse
Rue de Vaugirard
Rue Lecourbe
R. A. Bourdell
Musée Bourdelle
Tour Montparnasse
Montparnasse
Gare Montparnasse
Pl. de Catalogne
Cimetière du Montparnasse
Rue de la Convention
Rue Félix Faure
Avenue Félix Faure
Rue du Dr. Roux
Rue Dutot
Chèques Postaux
Pl. Falguière
Rue Desnouttes
Bd. Victor
Rue de Vaugirard
R. O. de Serres
R. de Dantzig
La Ruche
Rue Brancion
Rue de Vouillé
Rue Castagnary
Parc G. Brassens
Rue Vercingétorix
R. de l'Ouest
Rue Raymond Losserand
Rue d'Alésia
Avenue du Maine
RER
SNCF

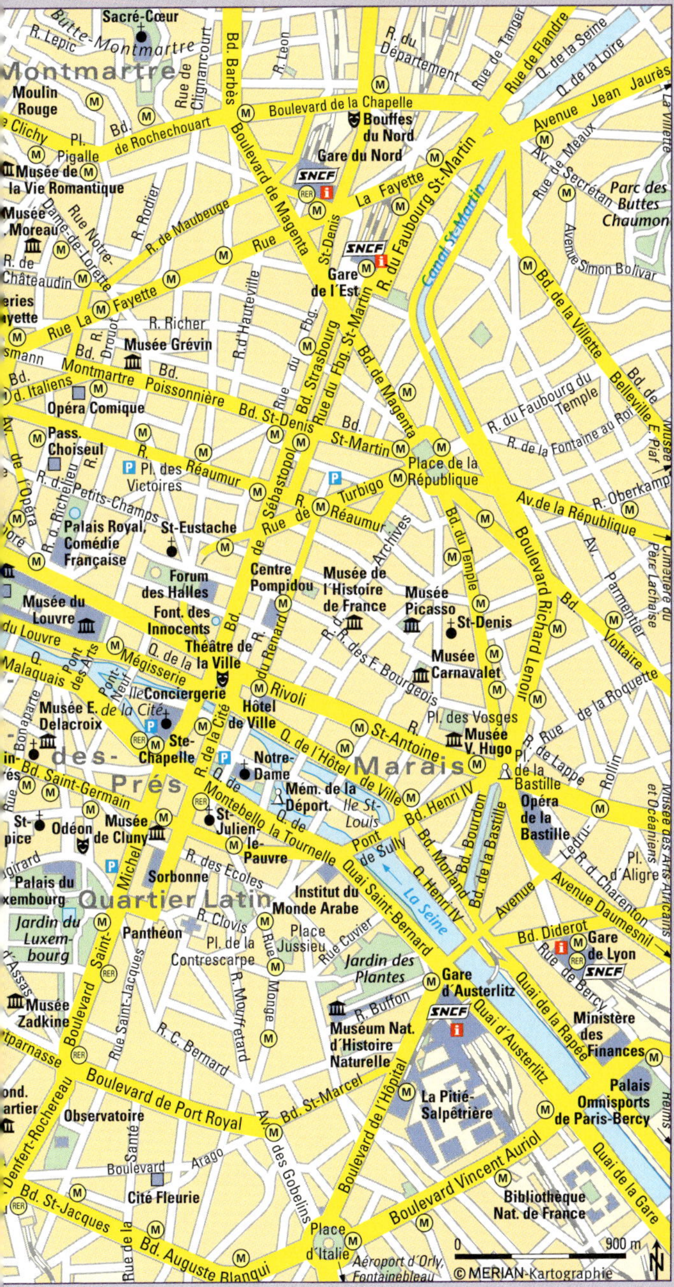
Sacré-Cœur
R. Lepic
Butte-Montmartre
Montmartre
Moulin Rouge
Clichy
Pl. Pigalle
Bd. de Rochechouart
Rue de Clignancourt
Bd. Barbès
R. Léon
R. du Département
Rue de Tanger
Rue de Flandre
Q. de la Seine
Q. de la Loire
Avenue Jean Jaurès
La Villette
Boulevard de la Chapelle
Bouffes du Nord
Gare du Nord
Boulevard de Magenta
Musée de la Vie Romantique
Musée Moreau
Rue Notre-Dame-de-Lorette
R. Rodier
R. de Maubeuge
R. de Châteaudin
Rue La Fayette
La Fayette
R. du Faubourg St-Martin
Canal St-Martin
Rue de Meaux
Av. Secrétan
Parc des Buttes Chaumont
Avenue Simon Bolivar
St-Denis
Gare de l´Est
Bd. de la Villette
R. Richer
R. Drouot
Musée Grévin
R. d'Hauteville
Rue du Fbg. St-Denis
Bd. Strasbourg
Rue du Fbg. St-Martin
Bd. de Magenta
Bd. Montmartre
Bd. Poissonnière
Bd. des Italiens
Opéra Comique
Bd. St-Denis
Bd. St-Martin
R. du Faubourg du Temple
R. de la Fontaine au Roi
Bd. de Belleville
Musée E. Piaf
Pass. Choiseul
R. Réaumur
Pl. des Victoires
R. d. Petits-Champs
R. de Richelieu
Av. de l'Opéra
Place de la République
R. Oberkampf
Av. de la République
Cimetière du Père Lachaise
Rue de Turbigo
R. Réaumur
Palais Royal, Comédie Française
St-Eustache
Bd. de Sébastopol
R. des Archives
Bd. du Temple
Boulevard Richard Lenoir
Av. Parmentier
Bd. Voltaire
Forum des Halles
Centre Pompidou
Musée de l´Histoire de France
Musée Picasso
St-Denis
Musée du Louvre
Font. des Innocents
Q. du Louvre
Pont des Arts
Q. de la Mégisserie
Théâtre de la Ville
R. du Renard
R. d. Fr. Bourgeois
Musée Carnavalet
Q. Malaquais
Pont-Neuf
Ile de la Cité
Conciergerie
Rivoli
Hôtel de Ville
R. de la Roquette
Musée E. Delacroix
Pl. des Vosges
R. Bonaparte
Ste-Chapelle
R. de la Cité
Q. de l'Hôtel de Ville
R. St-Antoine
Musée V. Hugo
Marais
R. de Lappe
Pl. de la Bastille
R. Rollin
St-Germain-des-Prés
Bd. Saint-Germain
Notre-Dame
Mém. de la Déport.
Ile St-Louis
Bd. Henri IV
Opéra de la Bastille
Musée des Arts Africains et Océaniens
St-Sulpice
Odéon
Musée de Cluny
Q. de Montebello
St-Julien-le-Pauvre
Q. de la Tournelle
Pont de Sully
Bd. Morland
Bd. Bourdon
Bd. de la Bastille
Avenue Ledru-Rollin
R. d. Charenton
Pl. d´Aligre
R. Girard
Palais du Luxembourg
Bd. Saint-Michel
Sorbonne
R. des Ecoles
Institut du Monde Arabe
Quai Saint-Bernard
La Seine
Q. Henri IV
Avenue Daumesnil
Quartier Latin
Jardin du Luxembourg
Panthéon
R. Clovis
Pl. de la Contrescarpe
Place Jussieu
Rue Cuvier
Rue Monge
Bd. Diderot
Gare de Lyon
Rue de Bercy
R. d'Assas
Boulevard Saint-Michel
Rue Saint-Jacques
R. Mouffetard
Jardin des Plantes
Gare d´Austerlitz
Quai de la Rapée
Musée Zadkine
R. Buffon
Muséum Nat. d´Histoire Naturelle
Quai d'Austerlitz
Ministère des Finances
Montparnasse
R. C. Bernard
Bd. St-Marcel
Boulevard de l'Hôpital
La Pitié-Salpêtrière
Palais Omnisports de Paris-Bercy
Reims
Boulevard de Port Royal
Observatoire
R. de la Santé
Av. des Gobelins
Quai de la Gare
Av. Denfert-Rochereau
Boulevard Arago
Cité Fleurie
Boulevard Vincent Auriol
Bibliothèque Nat. de France
Bd. St-Jacques
Rue de la Glacière
Bd. Auguste Blanqui
Place d'Italie
Aéroport d´Orly, Fontainebleau
0
900 m
N
© MERIAN-Kartographie

Métro- und RER-Plan Paris

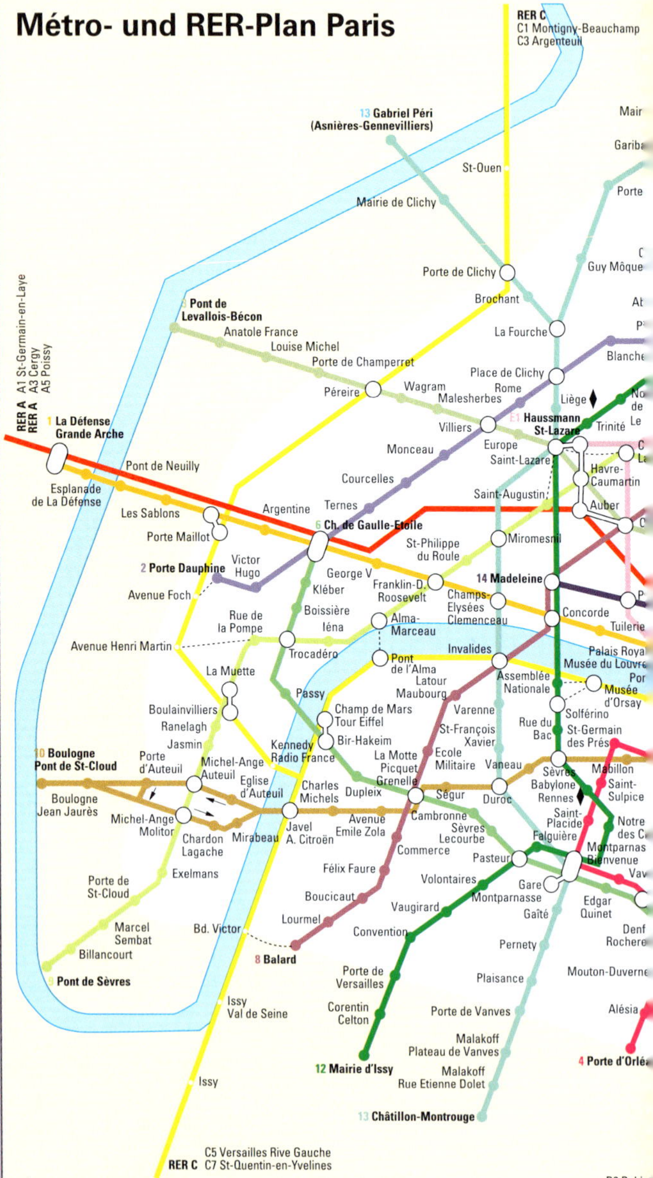

♦ Die Bahnhöfe Liège und Rennes sind nach 20 Uhr und an Sonn- und Feiertagen geschlossen

RER D
13 St-Denis Université
RER B
B3 Aéroport Charles de Gaulle
B5 Mitry-Claye
Basilique de St-Denis
La Courneuve Aubervilliers
La Plaine Stade de France
Stade de France St-Denis
7 La Courneuve-8 Mai 1945
Fort d'Aubervilliers
5 Bobigny-Pablo Picasso
Aubervilliers-Pantin 4 Chemins
Pantin
4 Porte de Clignancourt
12 Porte de la Chapelle
RER E
Chelles-Gourney
Villiers-sur-Marne
Porte de la Villette
Simplon
Jules Joffrin
Marcadet Poissonniers
Marx Dormoy
Corentin Cariou
Bobigny-Pantin R. Queneau
Eglise de Pantin
Crimée
Château Rouge
Hoche
Riquet
Porte de Pantin
La Chapelle
Ourcq
Stalingrad
Barbès Rochechouart
Laumière
Gare du Nord
Magenta
Jaurès
Danube
Bolivar
Botzaris
7b Pré-St-Gervais
7b Louis Blanc
Buttes-Chaumont
Télégraphe
Poissonnière
Gare de l'Est
Château Landon
Colonel Fabien
Place des Fêtes
11 Mairie des Lilas
Jourdain
3b Porte des Lilas
Grands Boulevards
Château d'Eau
Pyrénées
Saint-Fargeau
Jacques Bonsergent
Belleville
Bonne Nouvelle
Couronnes
Pelleport
Goncourt
Strasbourg St-Denis
République
Ménilmontant
Temple
Parmentier
3 Gallieni
Arts et Métiers
3b Gambetta
Porte de Bagnolet
Rue St-Maur
9 Mairie de Montreuil
Filles du Calvaire
Père-Lachaise
Etienne Marcel
Oberkampf
Philippe Auguste
Rambuteau
Saint-Ambroise
Les Halles
Croix de Chavaux
Châtelet Les Halles
St-Sébastien Froissart
Richard Lenoir
Voltaire
Alexandre Dumas
Robespierre
Chemin Vert
Charonne
RER A
A2 Boissy-St-Léger
A4 Marne-la-Vallée Parc Disneyland
Hôtel de Ville
Bréguet Sabin
Porte de Montreuil
St-Paul
Rue des Boulets
Maraîchers
Pont Marie
Avron
Bastille
Ledru-Rollin
Buzenval
Sully Morland
St-Michel Notre-Dame
2/6 Nation
Porte de Vincennes
Faidherbe Chaligny
Vincennes
Quai de la Rapée
Reuilly Diderot
Picpus
St-Mandé Tourelle
Bérault
Maubert Mutualité
Cardinal Lemoine
1 Château de Vincennes
Jussieu
Montgallet
Bel-Air
Place Monge
Gare de Lyon
Daumesnil
10 Gare d'Austerlitz
Michel Bizot
Bercy
Dugommier
Censier Daubenton
Saint-Marcel
Porte Dorée
Porte de Charenton
Campo Formio
Quai de la Gare
Cour St-Emilion
Liberté
Les Gobelins
Chevaleret
Corvisart
Charenton-Ecoles
Nationale
14 Bibliothèque François Mitterrand
5 Place d'Italie
Alfort-Ecole Vétérinaire
Porte d'Ivry
Tolbiac
Maisons-Alfort Stade
Pierre Curie
Maison Blanche
Porte de Choisy
Maisons-Alfort Alfortville
Maisons-Alfort Les Juilliottes
Porte d'Italie
7 Mairie d'Ivry
Ivry sur Seine
Le Kremlin-Bicêtre
Créteil-L'Echat
Créteil Université
Villejuif-Léo Lagrange
Villejuif-Paul Vaillant-Couturier
C2 Massy-Palaiseau
C4 Dourdan-la-Forêt
C6 St-Martin d'Etampes
C8 Versailles-Chantiers
RER C
D2 Melun
D4 Malesherbes
RER D
8 Créteil-Préfecture
7 Villejuif-Louis Aragon
© MERIAN-Kartographie

PRAG

Bis vor wenigen Jahren prägten halbverfallene Fassaden das Gesicht der Stadt, heute strahlen viele Gebäude im alten Glanz.

Die beeindruckenden Statuen der Karlsbrücke spiegeln über 250 Jahre Bildhauerkunst.

PRAG ZU FUSS

Der Königsweg ist kein im Stadtplan eingezeichneter Weg, sondern jene Route, die die Könige zur Krönung beschritten. Sie können ihren Spuren folgen, wenn Sie am **Pulverturm** (Prašná brána) starten. In der **Celetná** (Zeltnergasse) mit vielen kleinen Läden und alten Handwerkerwappen fällt das Haus »Zur schwarzen Mutter Gottes« mit den schrägen Winkeln auf: architektonischer Kubismus der 1920er. Im Haus Nr. 29 komponierte Mozart seine Häusler-Serenade.

Sie gelangen an den **Altstädter Ring** (Staroměstská náměstí), wo den Königen früher gehuldigt wurde. In der **Karlova** haben sich heute Künstler und Kunsthandwerker eingerichtet. Im Haus Nr. 4 entdeckte der Astronom Johannes Kepler die Gesetze der Planetenbewegung.

Über die **Karlsbrücke** erreichen Sie die Kleinseite. Die Geschäftsstraße **Mostecká** vermittelt kleinstädtisches Flair. Am Ende der Straße erhebt sich der mächtige **St.-Niklas-Dom**. In der steilen **Nerudagasse** wohnte der Schriftsteller Jan Neruda in Haus 47. Die **Burgrampe** gewährt einen eindrucksvollen Blick auf Prags Dächer. Dann haben Sie (und die Könige) die **St.-Veits-Kathedrale** erreicht.

ÜBERNACHTEN

Und immer noch entstehen neue Herbergen in der Moldau-Metropole, denn alle Besucher wollen im Zentrum wohnen. Dennoch gibt es keine riesigen Kapazitäten, weshalb rechtzeitige Buchung angeraten ist. Die Preise haben längst westeuropäisches Niveau erreicht, allerdings gilt das nicht für die Ausstattung, zumindest bei den Hotels in den mittleren Preisklassen.

Eine Alternative sind Privatunterkünfte: Hier ist der Standard der Ausstattung oft nicht sehr hoch, dafür zahlt man wesentlich weniger für die Nacht. Rechnen Sie mit ca. 15 € als niedrigstem Preis, allerdings ohne Frühstück.

Die beliebtesten Übernachtungsviertel sind natürlich die Altstadt (Staré Město) und die Kleinseite (Malá Strana), viele weitere Unterkünfte liegen in der Neustadt (Nové Město), in Vinohrady und Smíchov, von wo aus alle Sehenswürdigkeiten mit öffentlichen Verkehrsmitteln gut zu erreichen sind.

Hauptreisezeit für Prag ist April bis Oktober, besonders begehrt sind Mai, Juni und September.

HOTEL-HIGHLIGHTS

Brĕzina Pension

Moderne, gute Zimmer in einem Jugendstilgebäude, Internet-Anschluss.

Vinohrady, Legerova 41; Tel. 24 26 67 79, Fax 24 26 67 77; Metrolinie C: I.P. Pavlova; 35 Zimmer; ab 90 € MASTER VISA

Černá liška (Schwarzer Fuchs)

Sehr zentral gelegen, innen neu in historischen Mauern. Blick auf die Teynkirche.

Staré Město, U Radnice 16; Tel. 90 00 40 66, Fax 90 00 40 33; 12 Zimmer; ab 100 € MASTER

City Centre

Schlicht, einfach, renoviert, für Besucher, die nur ein Dach brauchen.

Nové město, Revoluční 4; Tel. 24 81 46 50, Fax 24 81 47 02; Metrolinie B: Náměstí Republiky; 87 Zimmer; ab 60 € AmEx MASTER

Sax

Auf der Kleinseite. Ruhig gelegen und renoviert.

Malá Strana, Jánský Vršek 3; Tel. 57 53 12 68, Fax 57 53 41 01; Tram 12, 22: Malostranská; 24 Zimmer; ab 100 € AmEx MASTER VISA

U Blaženky (Bei Bettina)

Eine klassische Villa mit Terrasse und guter Küche.

U Blaženky 1; Tel./Fax 51 56 45 32; Tram 4, 7, 14, 16: Betramka; 13 Zimmer; ab 100 € AmEx MASTER VISA

Die St.-Veits-Kathedrale, Blickfang für Spaziergänger.

MERIAN-Tipps

AUF DEM WASSER

Auf der Moldau liegen einige Hotelschiffe, die eine ganz besondere Atmosphäre vermitteln. Am Feinsten ist das Admiral, das auch eine Bar und ein Restaurant besitzt.

Hořejší nábřeží, zwischen Palacký- und Eisenbahnbrücke; Tel. 57 32 13 02, Fax 57 31 95 16; Metrolinie B: Anděl; 90 Kabinen; ab 120 € CREDIT

IN DER FAMILIE

Vielleicht möchten Sie auch lieber bei einer Prager Familie oder in einem Apartment mit Hotelservice übernachten? Dann wenden Sie sich an den DC Service.

Staré Město, Břehova 3; Tel. 24 81 63 46, Fax 2 32 54 20; www.dc-service.com; Metrolinie A, Tram 17: Náměstí Curiovych

Grand Hotel Evropa.

Traumhafte Jugendstilfenster in der St.-Veits-Kathedrale.

MERIAN-Tipps

ANSICHT

Im Sternberg-Palais (Sternberský Palác) sind große Künstler des 16. bis 20. Jh. vertreten, darunter Goya, Canaletto und Rubens, auch besonders wertvolle Stücke von Dürer, Cranach und Brueghel d. Ä. Spätestens hier begreift man, weshalb Prag als Europas Schatzkammer galt und gilt.
Hradčany, Hradčanské náměstí 15; Metrolinie A: Malostranská; tgl. außer Mo 10–18 Uhr

AUSSICHT

299 Stufen geht es den Turm auf den 60 m hohen Petřín hinauf. 1891 wurde er für die Landesausstellung nach dem Vorbild des Eiffelturms gebaut. Von oben haben Sie eine wahrlich eindrucksvolle Aussicht.
Bergstation der Seil-Zahnradbahn, Umsteigeplatz Újezd; Tram: 5, 9, 22; tgl. 9–23 Uhr; Sternwarte: tgl. 9–19 und 21–23 Uhr

Der »kleine Eiffelturm«.

SIGHTSEEING

Es war Rudolf II., der im 16. Jh. die Staatskasse dazu nutzte, Kunst von Rang und Namen zusammenzukaufen. Prag wurde zur Kunstkammer Europas. Auch wenn manches davon wieder verkauft oder geplündert wurde, bersten die Museen der Stadt vor Kulturschätzen, älteren und jüngeren.

Das gilt auch für die klassischen Sehenswürdigkeiten, deren es hier unzählige gibt. Nach dem Ende des Kalten Krieges erstrahlen sie wieder in neuem Glanz. Das gilt für die gesamte Stadt, ein Haus nach dem anderen wird renoviert, Prag steht nicht still. Selbst Besucher, die öfter kommen, staunen über die immer noch rasante Geschwindigkeit, mit der die Stadt an ihrem Bild arbeitet.

SIGHTSEEING-HIGHLIGHTS

Altneusynagoge (Staronová synagoga)

Europas älteste Synagoge wurde 1270 errichtet. Die besondere Verehrung gilt dem 1609 gestorbenen Rabbi Löw: Viele pilgern hierher und hinterlassen Zettel mit Wünschen.
Josefov, Maiselova; Metrolinie A: Staroměstská; tgl. außer Sa (Sabbat) 9–16.30 Uhr

Goldenes Gässchen

Man glaubt, in einer Puppenstube zu sein, so winzig sind die Häuser. Hier wohnten früher die Burgwachen. Franz Kafka lebte kurz in Haus 22.
Metrolinie A: Hradčanská, Tram 22

Hradschin (Hradčany)

Das größte geschlossene Burgareal der Welt mit einer ca. 500 m langen Front. Immer wieder ließen Herrscher die Anlage um- oder anbauen, so dass unterschiedliche Stile erkennbar sind.
Metrolinie A: Hradčanská, Tram 22; Burghöfe: tgl. 5–24 Uhr

St.-Veits-Kathedrale (Katedrála svatého Vita)

Das Wahrzeichen der Stadt, Teil des Hradschin, hier wurden Könige gekrönt und begraben. Sehenswert sind u.a. die Königskrypta und das Südportal mit byzantinischen Glasmosaiken. Die Wenzelskrone in der Wenzelskapelle soll einen Stachel aus dem Dornenkranz Christi enthalten.
Eingang: dritter Burghof; tgl. 9–17 Uhr

Strahov-Kloster (Strahovský klášter)

800 Jahre der Sitz des Prämonstratenordens. Heute beherbergt die Bibliothek 130 000 Bücher, darunter Bibeln in allen Sprachen und das älteste Gästebuch Prags.
Tram 22: Pohořelec; tgl. außer Mo 9–17 Uhr

ESSEN UND TRINKEN

Ungefähr 3000 Kneipen, Cafés und Restaurants gibt es in Prag. Die ursprüngliche böhmische Küche zu entdecken ist dennoch nicht ganz einfach: Oft wird internationale Einheitsküche serviert.

Wer sie dennoch erlebt, merkt: Die böhmische Küche ist sündhaft deftig und fett. So gibt es als Vorspeise z.B. Schinkenröllchen, gefüllt mit Fleischsalat, als Hauptspeise tischt man Würste in jeder erdenklichen Variation, Schinken, Enten, Gänse oder Karpfen auf. Letzteren gerne im Speckmantel, dazu fast immer Knödel. Höhepunkt ist »svíčková«, saure Lendenfilets in Rahmsauce, dazu Preiselbeeren. Und danach gibt es zum Dessert vielleicht noch Palatschinken mit einer süßen Füllung. Oder in Schmalz gebackene Pfannkuchen, lívance genannt.

Um das alles verdauen zu können, helfen Sliwowitz und Becherovka (ein Kräuterlikör). Begleitet wird die Mahlzeit von Bier, die Fangemeinden trennen sich in Budweiser und Pilsener Urquell. Aber auch der Böhmer Wein gewinnt Anhänger.

GASTRO-HIGHLIGHTS

Kristian Marco

Essen auf dem Wasser, und beim Lachs mit Roquefort den Blick auf den Hradschin genießen.

Terminal Hollar; Smetanovo nábrezí; Mobilfunk 06 01/ 22 73 30; Tram 17, 22; Národní trída; ab 18 €

První novoměstský restaurační pivovar

Riesiges Restaurant in einer Brauerei, böhmische Spezialitäten in Theaterkulissen.

Nové Město, Vodičková 20; Tel. 24 23 75 52; Metrolinie B: Národní, Tram 22; tgl. 11.30–24, So 10–23 Uhr; ab 12 € CREDIT

TV Tower (Panoramarestaurant)

In diesem Restaurant schaut man während des Essens aus 100 m Höhe auf die Stadt.

Prag 3, Mahlerovy sady 1; Tel. 67 00 57 78; Metrolinie A: Jiřiho z Podébrad; tgl. 11–23 Uhr; ab 20 € CREDIT

U Švejků

Dunkle Einrichtung, rustikales Essen in guten Portionen, abends Stimmungsmusik.

Malá Strana, Újezd 22; Tel. 53 56 29; Tram 22: Újezd; tgl. ab 11 Uhr; ab 10 €

Zlatá hvězda (Goldener Stern)

Gutes Preis-Leistungs-Verhältnis, passende Atmosphäre. Hier gibt es noch den echten Prager Teller (Schwein, Ente, Rippchen, Kraut, Knödel).

Malá Strana; Nerudova 48; Tel. 57 53 28 67; Tram 12, 22; Malostranské náměstí; tgl. 10-24 Uhr; ab 10 €

Das legendäre U Fleků gilt als Hofbräuhaus von Prag.

MERIAN-Tipps

OHNE ALKOHOL

Prager Café-Kultur: Sehr bekannt sind der Literatentreff Slavia (Nové Město, Náradoní třída 1; Metrolinie B: Náradoní třída) und das Café Franz Kafka mit morbidem Charme (Josefov, Široká 12; Metrolinie A: Staroměstská).

MIT ALKOHOL

Berühmte Bierstuben: In das U zlatého tigra (Zum goldenen Tiger) kam Václav Havel einmal mit Bill Clinton (Husova ulice 17; Metrolinie B: Náradoní třída; Mo–Sa 15–23 Uhr). Fans des Pilsener Urquell pilgern ins U dvou koček (Zu den zwei Katzen, Uhelnýrh 10; Metrolinie B: Národní třída).

NEBENKOSTEN IN €

1 Tasse Kaffee	1,50
1 Bier	1,20
1 Cola	1,00
1 Brot (ca. 500 g)	1,20
1 Schachtel Zigaretten	2,00
1 Liter Benzin	0,80
Fahrt mit Bus (Einzelfahrt)	0,30
Mietwagen/Tag	ab 40

Handbemalte böhmische Marionetten sind hübsche Mitbringsel.

MERIAN-Tipps

PRAGS MÄRKTE bieten von Ramsch bis Raritäten wirklich alles. Lohnenswert ist Rytiřská und Havelská: bunte Auswahl gepaart mit einem Hauch Orient (Metrolinie A und B: Můstek). Sehr originell, aber nicht erste Klasse ist das Angebot an der Libeňský most (Libeň-Brücke; Metrolinie B: Vltavská, Tram 1, 3, 12; Mo–Fr 9–18, im Winter bis 16.30 Uhr).

EXPOSICE FRANZE KAFKY »Verdammte Stadt, ein böses Muttchen mit Krallen«, schrieb Kafka einmal über Prag. Was würde er wohl dazu sagen: Kafka total – Bücher und Poster, Shirts, Uhren und mehr mit seinem Konterfei im Exposice Franze Kafky (Altstadt, Maislova/Ecke Kaprova; Metrolinie A: Staroměstská).

Nostalgischer Obstladen.

EINKAUFEN

Bücher und CDs kann man fast an jeder Straßenecke kaufen, Kristallglas ebenfalls – ob kunstvoll oder Rarität, ob an den Ständen am Altstädter Ring oder teurer in den Shops entlang des Königsweges. In der Altstadt stoßen Sie auf zahlreiche Kunsthandwerker. Für Masken, Marionetten und Puppen gehen Sie am besten in die Celetná, zur Karlsbrücke, auf die Burg Karlstein und zur Teynkirche. In der noch ursprünglichen Maislova können Sie antiquarische Hebraika erstehen.

Wer sich für historische Militaria interessiert, kann Nachbildungen im Goldenen Gässchen und in den engen Straßen seitlich des Altstädter Rings (Richtung Michalská) erwerben. Dort ist ein buntes Sammelsurium kleiner Läden für Orientwaren, Kuriosa, Bioprodukte und vieles mehr angesiedelt.

Wer Luxus sucht, nähere sich dem Wenzelsplatz. Passagen wie Alfa, Hvězda und Lucerna präsentieren sich nun edel. Als »Goldenes Kreuz« wird die Altstädter Ecke des Platzes bezeichnet. Das coole »Slovansky Dum« (Haus der Slawen) offeriert dort neben einem Kinocenter junge und schrille Mode.

SHOPPING-HIGHLIGHTS

Antique Vladimír Andrle

Drei Geschäfte mit Lampen und Gemälden, Glas und Gebrauchskunst.

Staré Město, Křižovnická 1 und Karlova 8; Metrolinie A: Staroměstská; Hradčany, Na Pohořelci 7, Tram: 22

Císařská hůt (Kaisers Glashütte)

Hier können Sie Glaswaren nach Ihren persönlichen Wünschen in Auftrag geben.

Josefstadt, Břehová (unweit der Altneusynagoge); Metrolinie A: Staroměstská, Tram 17: Náměstí Curievých

Galerie Amos

Unter den vielen Holzschnitzern der Stadt ist Vaněk einer der besten. An seinen Figuren sieht man seine Liebe zum Detail.

Legienbrücke (Mauthäuschen am Kampa); Tram 22: Újezd

Krystal U Rotta

Vier Stockwerke voller Glas, Kristall, Perlen, Edelsteine, verarbeitet zu Gebrauchskunst oder Unikaten. Im mittelalterlichen Keller können Sie sich nach dem Einkauf im Restaurant stärken.

Staré Město, Malé námesti 3; Metrolinie A: Staroměstská

Uzenářství

Wurstparadies des Herrn Cibulka. Natürlich gibt es auch Prager Schinken oder Presssack.

Staré Město; Uhelný trh 8; Metrolinie A und B: Můstek

AM ABEND

In Prag existiert eine »schwarze Szene«. Was so geheimnisvoll klingt, meint das »Schwarze Theater«, die Laterna Magica. Vor schwarzem Hintergrund wird fliegend-fließende Illusion erzeugt, Schauspieler interagieren mit bewegten Bildern. Ein preisgekrönter Publikumsmagnet, den man nicht verpassen darf.

Ein anderer ist der Jazz: Große Namen aus aller Welt kommen gerne in die Stadt, viele Lokale bieten den passenden stilvollen Rahmen. Aus Konkurrenzgründen haben sich viele der Clubs heute sehr klare Stilprofile gegeben, so dass z. B. der Freund des Bebop genau weiß, wo er hingehen muss, der Fan des Swing ebenso.

Mehr und mehr Anhänger gewinnen auch die Musiktheater, deren Qualität rasant steigt. Die vielen Bars der Goldenen Stadt sind schräg, urig oder cool, alles ist vertreten.

NIGHTLIFE-HIGHLIGHTS

Bugsy's Bar

Für die Fans des Gangsters Bugsy Siegl. Die vornehm gestylten Barkeeper rühren und schütteln vorzügliche Cocktails.
Staré Město, Parizska 10; Tel. 24 81 02 87; Metrolinie A: Staroměstská; tgl. 19–2 Uhr

Karlovy lázně

Internet-Café und Tanzpalast auf fünf Etagen in einer ehemaligen Badeanstalt, junges Publikum.
Staré Město, Novotného lávka 1; www.karlovylazne.cz.; Metrolinie A: Staroměstská; tgl. 21–5, Internet-Café 10–5 Uhr

Laterna Magica

Preisgekrönte Multimedia-Show voller Illusionen und Effekte.
Národní 4; Tel. 24 91 41 29; Metrolinie B: Národní třída; Tram: 17

Malostranská Beseda

Gute Bar mal mit Chansons, mal mit Blues oder Jazz, natürlich live.
Malá Strana, Malostranské náměstí 21; Tel. 57 53 20 92; Metrolinie A: Malostranská, Tram: 22; tgl. 20–2, Bar 11–1 Uhr, So geschl.

Reduta

Das Jazz-Mekka – hier wurde diese Musik erstmals in Prag gespielt, hier setzte einst Bill Clinton zu einem großen Saxofon-Solo an.
Národní 20; Tel. 24 91 22 46; Metrolinie B: Národní třída; Beginn 21 Uhr

In der Laterna Magica werden illusionistische Effekte erzeugt.

MERIAN-Tipps

EIN SCHIFF

Unter den vielen Angeboten der Stadt ist Jazz auf der Moldau sicherlich eines der originellsten. Während die Kotva über das Wasser gleitet, bestaunen Sie die Prager Sehenswürdigkeiten und hören allerfeinste Musik .
Abfahrt vom Anleger Čechuv most (beim Inter-Continental), Di–So 20.30 Uhr, Rückkehr 23 Uhr; Info & Buchung Tel. 57 53 28 14 oder 06 03 55 16 80; www.jazzboat.cz

EIN WIENER

Wer Mozart mag, muss in die Villa Bertramka: In »Eine Nacht mit Mozart« wird eine Episode seines Aufenthaltes in Prag nachgestellt und von Arien aus seinen Opern begleitet. Mozart-Museum.
Smíchov, Mozartova 15; Tel. 54 38 93; Metrolinie B: Anděl; Fr und Sa 20 Uhr; Museum: tgl. 10–18 Uhr

Mozart lebt – in seinen Fans.

Prag Innenstadt
0
300 m
© MERIAN-Kartographie
Puppentheater
>>Spejbl und Hurvinek<<
Hradčanská
Pod hradbami
Milady Horákové
Na valech
K Brusce
Tychonova
U Písecké brány
Střešovická
U Brusnice
Jelení
U Prašného mostu
Mariánské
Hradčany
Královská zahrada
Belvedere
Patočkova
Myslbekova
Nový svět
Černínská
Keplerova
Kapucínská
Palais Sternberg
Goldenes Gässchen
Hradschin
Staré zámecké
Ledeburská zahr.
Palais Ledebourg
Loretánské nám.
Kirche der Muttergottes von Loreto
Novy svet
Palais Czernin
Kanovnická
Erzbischöfliches Palais
Ke Hradu
Zámecké schody
Zámecká
Palais Thun, Parlament
Thunovská
Tomášská
Palais Waldstein
St. Thomas
Loretánská
Parléřova
Pohořelec
Úvoz
Nerudova
Jánský vršek
Palais Morzin
Malostranské nám.
Bretislavova
St.-Niklas-Dom
Tržiště
Mostecká
Josefská
Míšeňská
Dlabačov
Museum des nat. Schriftentums
Kloster Strahov
Muzeum Miniatur
Palais Lobkowitz
Vlašská
Dt. Botschaft
Palais Schönborn
Musikinstrumenten-Museum
Lázeňská
Schönbornská zahrada
Maria de Victoria, Jesulein von Prag
Karmelitská
Nebovidská
Velkopřevorské nám.
Strahovská zahrada
Strahovská
Lobkovická zahrada
Malá Strana
Státní ústřední archív
Hellichova
Nosticova
Kampa
Petřín
Aussichtsturm
Čertovka
St.-Laurenzi-Kirche
Růžový sad
Seminářská zahr.
Všehrdova
Besední
Stadión Strahov
Vaníčkova
Olympijská
Chaloupeckého
Štefánik-Sternwarte
Nebozízek
Petřínské sady
Říční
Vítězná
Újezd
Malostranské nábř.
Jezdecká
Šermířská
Plaská
Mělnická
Atletická
Petřínská
Zborovská
Janáčkovo nábř.
Kinského zahrada
Na Hřebenkách
Ethnographisches Museum
Vodní
U Nesypky
Holečkova
Štefánikova
El. Peškové
Zubatého
Malátova
Dětský ostrov
Drtinova
P. Švandy ze Semčic
Österr. Botschaft
Arbesovo nám.
Švédská
V. Huga
Kořenského
Zapova
Erbenova
Kobrova
Kmochova
V Botanice
Jiráskův
Janáčkovo nábř.
Matoušova
nám. 14. října
Paliárk
Grafická
Kartouzská
Plzeňská
Nábřežní
V Rchlického
Smíchov
Preslova
Zborovská
Svornosti
Mozartova
Lidická
Palackého
Na Věnečku
Bertramka
Mrázovka
Nádražní
Na bělidle
Fráni Šrámka
Na Zatlance
Kováků
Radlická
Anděl
Starokonstantinoprámenná
Vrázova
Na Celné
Hořejší nábř.
Mozart-museum
Bozděchova
Jindřicha
Plachty

Letná
Letenské sady
Metronom
Technisches Museum
Dobrovského
Letohradská
U letenského sadu
Františka
Kostelní
Skalecká
Dukelských hrdinů
Veletržní palác, Zoo, Schloss Troja
Nábř. Kpt. Jaroše
Na špejcharu
Nábřeží Edvarda Beneše
Gogolova
Čechův most
Švermův most
(Moldau)
Vltava
Na Františku
Nábř. Ludvíka Svobody
nám. Curieových
Agneskloster
U milosrdných
Dvořákovo nábř.
17. listopadu
Pařížská
Břehová
Dušní
Kozí
Bílková
Anežská
Haštalská
Hradební
Revoluční
Nové mlýny
Klimentská
Barvířská
Waldstein-Palais-Reitschule
Kosárkovo nábř.
U železné lávky
Rudolfinum
Kunstgewerbemuseum
Altneusynagoge
Vězeňská
Dlouhá
Soukenická
Lodecká
Petrská
Mánesův most
Josefov
Staroměstská
Kaprova
Křižovnická
Kinský Palais
Masná
Rybná
Truhlářská
Zlatnická
Stadt Prag
Museum der Stadt Prag
Alšovo nábř.
St. Niklas
Týnská
Ungelt
nám. Republiky
Na poříčí
Altstädter Brückenturm
Platnéřská
Neues Rathaus
Staroměstské nám.
Teynkirche
Štupartská
Le Provence
Obecní dům
V zelnici
Na Florenci
Karlův most
Klementinum
Altstädter Rathaus
Celetná
Nám. Republiky
Havlíčkova
ČSD
Žižkova
Křižovnické nám.
Karlova
Železná
Kožná
Carolinum
Pulverturm
Hybernská
Smetana-Museum
Opera
Anenská
Clam-Gallas-Palais
Ovocný trh.
Staré Město
Retězová
Husova
Ständetheater
Senovážná
nám. M. Gorkého
Náprstkova
Zlatá
Liliová
Jilská
Michalská
Havelská
Provaznická
Na příkopě
Panská
Nekázanka
Bethlehemskapelle
Rytířská
Na můstku
Můstek
Mucha-Museum
Jeruzalémská
Hlavní nádraží
Smetanovo nábř.
Karoliny Světlé
Konviktská
Bartolomějská
Martinská
Perlová
Jungmannovo nám.
Jindřišská
Růžová
Divadelní
Krocínova
Na Perštýně
Národní
Václavské
Politických vězňů
Olivova
Opletalova
Národní třída
Laterna Magica
Nationaltheater
Voršilská
Mikulandská
Spálená
Vladislavova
Jungmannova
Palackého
Vodičkova
Václavské náměstí
Wilsonova
Washingtonova
Ostrovní
Na struze
V jirchářích
Opatovická
Křemencova
Lazarská
V jámě
Školská
Štěpánská
Staatsoper, Smetana-Theater
Španělská
Pštrossova
Vojtěšská
Černá
Neustädter Rathaus
Navrátilova
Ve Smečkách
Krakovská
Muzeum
Na Smetance
Myslíkova
Příčná
Řeznická
Nationalmuseum
Mánesova
Vinohradská
Masarykovo nábř.
Záhořanského
Žitná
Náplavní
St. Kyrill und Method
Malá Štěpánská
St.-Longinus-Rotunde
Škrétova
Rubešova
Balbínova
Římská
Resslova
Karlovo nám.
Na Rybníčku
Anglická
Vinohradská
Dittrichova
St.-Ignatius-Kirche
Ječná
St. Stephan
I. P. Pavlova
Vocelova
Trojanova
Salmovská
Lípová
Ke Karlovu
Kateřinská
nám. I. P. Pavlova
Jugoslávská
nám. Míru
Rašínovo nábř.
Gorazdova
Na Moráni
Karlovo
Vyšehradská
St.-Katharinen-Kirche
Dvořák-Museum
U nemocnice
Fausthaus
Nám. Míru
Rumunská
Bělehradská
Londýnská
Belgická
Podskalská
nám. Pod Emauzy
Emmauskloster
Kirche des Hl. Johannes v. Nepomuk auf dem Felsen
Viničná
Nové Město
Sokolská
Tyršova
Lublaňská
Uruguayská
Americká

Verkehrslinienplan Prag

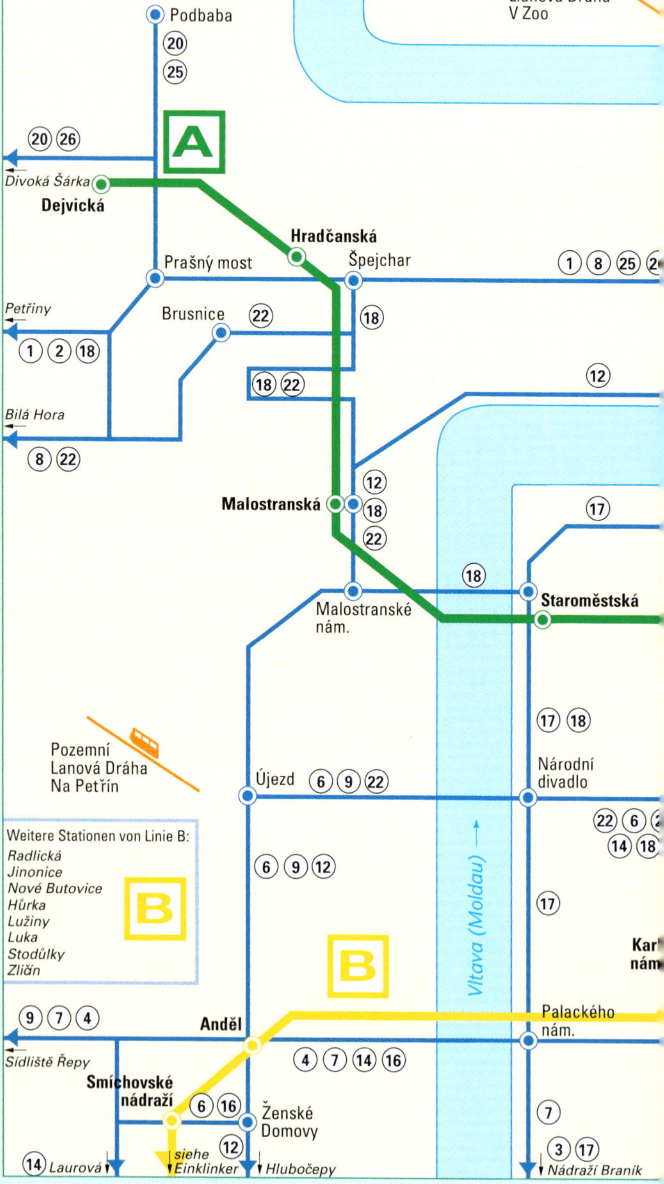

MERIAN-Kartographie
Metrolinie A
Metrolinie B
Metrolinie C
3 Straßenbahn
Seil-Zahnradbahn
12 17 24 Sídliště Ďáblice
14 5 Vozovna Kobylisy
25 Ke Stírce
Vltava (Moldau)
Nádraží Holešovice
Palmovka
Spojovací
Lehovec
1 3 12 Hloubětín
Výstaviště
Dělnická
C
Letenské náměstí
17 12 5
Vltavská
Strossmayerovo nám.
12 17
25
3
8
B
5 14 26
Nám. Republiky
Florenc
Křižikova
Invalidovna
Palmovka
Českomoravská
Můstek
Masarykovo nádraží
5 9 26
Senovážne nám.
Hlavní nádraží
Hloubětín
Spojovací
Harfa
24
14
árodní třída
9
3
Jiřího z Poděbrad
Flora
Želivského
Strašnická
Skalka
Muzeum
A
11 Ústředni díly DP
7 Černokostelecká
4 6 16 22
I.P.Pavlova
Nám. Míru
16 24
16 Spojovací
Vyšehrad
Pražského Povstání
Pankrác
Budějovická
Kačerov
Roztyly
Chodov
Opatov
Háje
C
11
Spořilov
6 Minská
22 26 Nádraží Hostivař
4 19 Kubánské nám.
zovna Pankrác 18
došovická 24

ROM

Palazzi, Prachtbauten, Kirchen und Tempel bilden die Kulisse für Dolce Vita, das unverkennbare Lebensgefühl der Stadt.

Mit Brot und Spielen wollten die Herrscher das Volk bei Laune halten – die Kulisse dafür ist das Kolosseum.

ROM ZU FUSS

Sie starten an der **Piazza della Repùbblica** mit der **Fontana delle Naiadi** mit den Bronzefiguren. Es geht hinein in die Via XX Settembre. Sofort fällt links der riesige Renaissancebau des Verteidigungsministeriums auf. Am Ende der Straße stoßen Sie auf den **Quadrivio delle Quattro Fontane**, die Vierbrunnenkreuzung mit der Verkörperung von Tiber, Arno, Diana und Juno. Die Fassade des **Quirinalspalastes** rechts zieht sich schier endlos. Auf der **Piazza del Quirinale** sehen Sie die 5,6 m hohen Dioskuren Castor und Pollux.

Es geht die Via della Dataria hinunter, dann rechts in die Via San Vincenzo. Die **Fontana di Trevi** ist nun nicht mehr weit. Über die Via dei Crociferi erreichen Sie die **Galleria Colonna**, wo Sie Kunstausstellungen besuchen können. An der **Piazza Colonna** residiert der Ministerpräsident im **Palazzo Chigi**, das Parlament tagt im **Palazzo Montecitorio**. Weiter an den zahllosen Geschäften vorbei und hinein in die **Via Condotti** – die **Spanische Treppe** ist erreicht. Von der **Piazza del Popolo** steigen Sie hinauf zum **Pincio** und gönnen sich zum Abschluss einen traumhaften Blick über die Ewige Stadt.

ÜBERNACHTEN

Hotelbetten sind in Rom nicht ganz billig. Es müssen ja nicht gleich die 11 000 € sein, für die das Hotel Excelsior eine Luxussuite anbietet. 125 € sind im Schnitt der Betrag, mit dem Sie rechnen müssen.

Diese eher günstigen Herbergen sind natürlich schnell ausgebucht, das gilt insbesondere für Ostern, Weihnachten und das Frühjahr. Im Sommer hingegen werden viele Zimmer mit Rabatt angeboten.

Reservieren kann man unter 0 66 99 10 00 (kostenlos) tgl. von 7 bis 22.45 Uhr (auch deutschsprachig). Im Internet bieten www.hotelreservation.it und www.italyhotel.com/roma Zimmer an. Vor Ort gibt es Reservierungsmöglichkeiten am Bahnhof Roma Termini sowie am Flughafen Leonardo da Vinci.

Sind Sie eher an einem Appartement interessiert, können Sie es bei Bed and go buchen (www.bedandgo.com; 86–165 €/Tag). Die Bed & Breakfast Information vermittelt Zimmer mit Frühstück (gratis in Italien unter der Tel. 800 76 81 70, www.promonetonline.it/b&b).

HOTEL-HIGHLIGHTS

Amalia
Familienbetrieb mit sehr gutem Preis-Leistungs-Verhältnis, nahe des Vatikans gelegen.
Via Germanico 66; Tel. 06 39 72 33 54; ww.hotelamalia.com; Metro Ottaviano; 30 Zimmer; ab 89 € CREDIT

Borromeo
Schönes Haus aus dem 19. Jh. mit großen Zimmern und Dachgarten, in der Nähe des Forum Romanum.
Via Cavour 117; Tel. 06 48 58 56, Fax 0 64 88 25 41; www.hotelborromeo.com; Metro Cavour; 28 Zimmer; ab 120 € CREDIT

Casa Kolbe
Zentral und doch ruhig, gute Zimmer, herrlicher Garten, rechtzeitig reservieren.
Via di San Teodoro 44; Tel. 0 66 79 88 66, Fax 06 69 94 15 50; Bus 170; 63 Zimmer; ab 70 € AmEx EURO VISA

Fiori
Zentral gelegen, die doppelten Fenster helfen gegen Lärm, die Ventilatoren gegen Hitze.
Via Nazionale 163; Tel. 0 66 79 72 12, Fax 0 66 79 54 33; Bus 64; 12 Zimmer; ab 80 € CREDIT

Pomezia
Kleine, saubere Zimmer in diesem Familienbetrieb nahe des Campo de' Fiori.
Via dei Chiavari 13; Tel. und Fax 0 66 86 13 71; E-Mail: hotelpomezia@libero.it; Bus 64; 24 Zimmer; ab 80 € CREDIT

Besonders am frühen Abend wird die Stimmung romantisch...

MERIAN-Tipps

SCHLAFEN IN DER STILLE

Eine interessante und preisgünstige Alternative in Rom ist das Übernachten in Klöstern. Die Preise liegen zwischen 65 und 95 € für ein Doppelzimmer mit Bad. Eine Liste erhält man beim Ufficio parrocchiale Santa Maria dell'Anima, Via Santa Maria dell'Anima 64 (2.Stock), Tel. 06 68 80 13 94 (Mo–Fr 9–13, 14–17 Uhr), www.gemeinde-anima.de.vu, das Pfarramt der deutschen katholischen Nationalkirche. Oder über das Deutsche Pilgerzentrum, Via della Conciliazione 51; Tel. 0 66 89 71 97, Fax 0 66 86 94 90; (Mo–Fr 8.30–18, Sa 8.30–12.30 Uhr), www.pilgerzentrum.de.

Über den Dächern der Stadt.

Das antike Pantheon ist die größte Kuppel der Welt.

MERIAN-Tipps

AUSSCHAU

Wunderbar blickt man vom 80 m hohen Gianicolo auf ein Meer von Kuppeln und Glockentürmen (Bus 870, ab Piazza Paoli; Bahnhof Termini – Piazza Paoli Bus 64). Eine andere Möglichkeit ist die Terrasse des 70 m hohen Monumento a Vittorio Emanuele II (Piazza Venezia; Bus 64; Elektro-Bus 117; Sommer 10–18, Winter 10–16 Uhr).

RÜCKSCHAU

In den Foren tagte früher der Senat, fanden Gerichtsverhandlungen statt, wurde gehandelt und flaniert. Das bekannteste ist das Forum Romanum, einst Zentrum des Römischen Reiches.

Largo Romolo e Remo 5 (Via dei Fori Imperiali); Bus 60, 85, 117, Metro Colosseo; Winter tgl. 9–16, Mai–Okt. 9–19.15 Uhr (Einlass bis jeweils 1 Std. vorher)

Engelsbrücke und Engelsburg.

SIGHTSEEING

Kirchen, Klöster, Häuser, Plätze, Brunnen, Museen – um auch nur die wichtigsten Sehenswürdigkeiten der Stadt zu besuchen, braucht man einige Monate. Schließlich kann Rom auf eine 2500 Jahre alte Geschichte zurückblicken und war immer ein Zentrum päpstlicher oder weltlicher Macht. Die größten Baumeister und Künstler verewigten sich in der Stadt, Kaiser und Kirche ließen beeindruckende Bauten errichten. Sie sollten sich Zeit lassen und sich nur ein kleines Programm vornehmen. Schließlich kommen Sie bald wieder – ganz bestimmt.

SIGHTSEEING-HIGHLIGHTS

Fontana di Trevi

Um sicher zu gehen, dass Sie wiederkommen, müssen Sie eine Münze in den Brunnen werfen. Das ewig fließende Wasser symbolisiert die Lebenskraft Roms, weltberühmt machte ihn Anita Ekberg in »La Dolce Vita«.

Piazza di Trevi; Bus 62

Musei Vaticani

Eine der wichtigsten Kunstsammlungen der Welt. Etruskische Kunst, berühmte Skulpturen, Raffaels beste Arbeiten und zum Schluss die Sixtinische Kapelle.

Viale Vaticano; Metro Cipro-Musei Vaticani; 5. März–2. Nov. Mo–Fr 8.45–15.45, Jan., Feb., Nov., Dez. Mo–Fr 8.45–13.45, Sa ganzjährig 8.45–13.45 Uhr. Die Kassen schließen 75 Min. früher

Pantheon

Das beeindruckendste Bauwerk des antiken Roms. Einst ein Tempel, seit 609 eine Kirche, mit der größten Kuppel der Welt (Ø 43,3 m).

Piazza della Rotonda; Elektro-Bus 116; Mo–Sa 8.30–19.30, So 9–18, Fei 9–13 Uhr

San Pietro in Vaticano (Petersdom)

Die wichtigste christliche Kirche steht auf dem Grab des Apostels Petrus. Sie beeindruckt durch ihre reiche Ausstattung.

Piazza San Pietro; Bus 62; Metro Ottaviano-San Pietro; Petersdom April–Sept. 7–19, Okt.–März 7–18 Uhr; Schatzkammer (Tesoro) April–Sept. 9–18.15, Okt.–März 9–17.15 Uhr; Kuppel April–Sept. 8–17.45, Okt.–März 8–16.45 Uhr

Scalinata della Trinità dei Monti (Spanische Treppe)

Die Treppe wurde 1726 fertig gestellt und verbindet die Piazza di Spagna mit dem Pincio. Der Treffpunkt schlechthin.

Piazza di Spagna; Metro Spagna

ESSEN UND TRINKEN

Zum Frühstück gibt es zum Espresso (»caffè«) oder Cappuccino nur ein Hörnchen (»cornetto«) im Stehen. Mittags gibt es in Bars und »trattorie«Tagesgerichte, z. B. Salat oder ein Nudelgericht oder eine kleine Hauptspeise. Enotheken bieten zum Wein Kleinigkeiten an. Opulent wird es erst am Abend mit »antipasti«, »primo«, »secondo« und »dolci«.

Zu den typischen kleinen Speisen der Stadt zählen »olive all'ascolana« (mit Fleisch gefüllte, frittierte Oliven) und »supplìs« (Reisbällchen mit Käsefüllung). Nudeln werden gerne »all'amatricana« (Wangenspeck, Pecorino, scharfe »peperoncini« und Tomaten) serviert. Andere Varianten sind »cacio e pepe« (mit Käse und Pfeffer) sowie »alla carbonara« (mit Ei und Bauchspeck). Echte Spezialitäten Roms sind Innereien in vielen Variationen, denn während sich früher die Herrscher den Bauch mit Delikatessen vollschlugen, musste das einfache Volk die Reste verwenden und entwickelte so eine eigene Küche.

GASTRO-HIGHLIGHTS

Campana

Das älteste Lokal der Stadt, es eröffnete bereits 1450. Römische Küche mit frittierten Zucchiniblüten und Artischocken.

Vicolo della Campana 18 (Nähe Piazza Nicosia); Tel. 0 66 86 78 20; Mo und Aug. geschl.; ab 30 € CREDIT

Felice

Typisch römische Trattoria, einfach eingerichtet, der Wirt zuweilen mürrisch, dafür ist die Küche hervorragend.

Via Mastro Giorgio 29; Tel. 0 65 74 68 00; So und Aug. geschl.; ab 20 € CREDIT

Hostaria Romanesca

Herrlich am Campo de' Fiori gelegen. Traditionelle römische Küche, gekonnt zubereitet, hauseigener Frascati.

Piazza Campo de' Fiori 40; Tel. 0 66 86 40 24; Mo geschl., ab 28 € CREDIT

Ivo a Trastevere

Klasse römische Pizza, auch noch zu später Stunde, im Sommer kann man draußen sitzen.

Via San Francesco a Ripa 158; Tel. 0 65 81 70 82; Di geschl.; ab 15 € CREDIT

Osteria del Campidoglio

Traditionelle Gerichte wie Kutteln oder Rouladen, aber auch moderne, leichte Küche.

Via dei Fienili 56; Tel. 0 66 78 02 50; So geschl.; ab 30 € CREDIT

Artischocken sind typische Beilagen in der römischen Küche.

MERIAN-Tipps

SPÄT

»Dopoteatro« heißt eigentlich »nach dem Theater« und bedeutet, dass man erst zu einer Veranstaltung geht und danach speist. Entsprechend groß ist die Zahl der Restaurants, deren Küche auch um Mitternacht noch geöffnet hat.

SONNTAGS

Der Sonntagsbrunch ist groß in Mode gekommen. Zu den beliebtesten Orten zählt die Buchhandlung Bibli (Via dei Fienaroli 28, Trastevere; ca. 15 €). American Breakfast serviert (außer im Sommer) Jeff Blynn's (Viale Parioli 103 c, Parioli; ca. 23 €).

NEBENKOSTEN IN €

1 Tasse Kaffee .0,77–2,50

1 Bier 2,10–6,00

1 Cola 2,60–5,00

1 Pizzastück 2,10–6,00

1 Schachtel Zigaretten 2,00–3,50

1 Liter Benzin 1,03

Fahrt mit Bus (Einzelfahrt) 1,00

Mietwagen/Tag..............ab ca. 70,00

Erst geht man an den eleganten Läden der Via Condotti vorbei …

MERIAN-Tipps

EDEL

La Rinascente, das älteste Kaufhaus der Stadt, wurde nach Pariser Vorbild errichtet. Großes Sortiment in Jugendstilambiente.

Largo Chigi/Via del Corso (Centro Storico), Elektro-Bus 116, 117, 119, Bus 62; Filiale Piazza Fiume (Esedra); Bus 38, 80

GÜNSTIG

Markenmode, Taschen, Gürtel und mehr können Sie zu herabgesetzten Preisen im Discount delle firme erwerben (Via dei Serviti 27, Centro Storico; Elektro-Bus 116, 117, 119, Bus 62), ebenso im Discount dell'Alta Moda (Via Gesù e Maria 16/a, Centro Storico; Metro Spagna).

… dann auf einen Cappuccino.

EINKAUFEN

Selbstverständlich sind alle großen Marken in der Ewigen Stadt vertreten. Rom hat sich insbesondere bei Mode und Antiquitäten einen guten Ruf erworben. Letztere finden Sie in hoher Qualität in der Via dei Coronari. Die schicksten Modeboutiquen haben sich südlich der Piazza di Spagna niedergelassen. Insbesondere die Vias Babuino, Borgognona und Condotti lohnen den Weg. Zur Pflicht während eines Rom-Besuches gehört auch der Besuch eines Schuhgeschäftes, in der Via Condotti gibt es einige sehr schöne. Wer sich eher für Küchenutensilien und Einrichtung interessiert, findet in der Via del Babuino gute Adressen. Hervorragende Antiquariate haben sich in der Via del Babuino und der Via Margutta niedergelassen. In der Via del Pellegrino und der Via Giulia besitzen Handwerker und Restaurateure ihre Lokale.

Wer sich für Märkte interessiert, sollte am Sonntag den Flohmarkt an der Porta Portese ansteuern. Weitere erlebenswerte Märkte sind an der Piazza Borghese und an der Piazza Vittorio Emanuele. Beide sind von Montag bis Freitag geöffnet. Bedenken Sie, dass selbst in einer Weltstadt wie Rom einige Geschäfte zwischen 13 und 17 Uhr schließen.

SHOPPING-HIGHLIGHTS

Boccanera

Wer sich für italienische Schuhe begeistert, kommt an diesem Geschäft mit Sicherheit nicht vorbei.

Via Luca della Robbia 36 (Testaccio); Metro Piramide und Bus 280, Tram 3; Via V. Colonna 19 (Prati); Bus 492

Campo de' Fiori

Tagsüber ein Lebensmittelmarkt mit volkstümlicher Atmosphäre.

Mo–Sa 7–13.30 Uhr; Elektro-Bus 116, Bus 64

Pasticceria Nonna Carla

Die erste Adresse für Leckermäuler, leider nicht ganz zentral gelegen.

Via di Sant'Agnese 2, Trieste; Bus 36, 60, 90

Troncarelli Antica Cappelleria dal 1875

Großartiges und traditionsreiches Geschäft für Kopfbedeckungen.

Via della Cuccagna 15, Centro Storico; Bus 64

Volpetti

Hervorragendes Delikatessengeschäft, wer erst einmal probieren möchte, kann dieses am Imbiss tun.

Via della Scrofa 32, Centro Storico; Elektro-Bus 116

AM ABEND

Man trifft sich, sieht und wird gesehen, und das am liebsten auf den großen Plätzen der Stadt, also auf dem Campo de' Fiori, der Piazza di Spagna, der Piazza Rotonda, der Piazza Navona oder der Piazza Santa Maria in Trastevere. Flanieren und die Nacht genießen, das tun die Römer mit Hingabe, und das wird auch den Besucher verzaubern. Gern besucht werden Freiluftkonzerte, Rock, Pop und Klassik und Open-Air-Kinos. Man hält sich, wann immer es geht, draußen auf. Veranstaltungen beginnen meist erst nach 21 Uhr, wenn es dunkel wird.

Selbst Diskotheken ziehen im Sommer zum Strand von Fregene. In Italien werden Kinofilme übrigens synchronisiert, was den Besuch vielleicht erschwert. Unter den klassischen Bühnen genießt die Accademia di Santa Cecilia den besten Ruf: Hier treten sogar Popstars auf, da Rom sonst keine geeignete überdachte Bühne besitzt. Im Sommer können sie allerdings in die Fußballarenen ausweichen.

Wenn Sie wissen wollen, was aktuell wo läuft, hilft Ihnen das Heft »Roma c'è« (mit englischer Zusammenfassung), im Internet unter www.romace.it. Die Donnerstagsbeilage der Tageszeitung »La Repubblica« ist ebenfalls nützlich.

NIGHTLIFE-HIGHLIGHTS

Akab

Gute Livemusik, danach Disko, immer voll.

Via Monte Testaccio 69 (Testaccio); Metro Piramide, Tram 3; Di–Sa 22–3.30 Uhr, So–Di geschl.

Café Latino

Einladendes Lokal, fast jeden Abend Livemusik, anschließend Disko und am Sonntag lateinamerikanische Klänge.

Via di Monte Testaccio 96 (Testaccio); Metro Piramide, Tram 3; Di–So 22.30–3 Uhr

Jonathan's Angels

Das Interieur ist chaotisch und kitschig, der Pianist wird gesanglich von den Gästen begleitet.

Via della Fossa 16 (Centro Storico); Bus 64, 87; tgl. 16–2 Uhr

La Vineria

Ob bei Tag oder bei Nacht, in dieser Weinbar trifft man sich auf der Piazza del Campo.

Campo de' Fiori 15 (Centro Storico); Bus 64, 116; Mo–Sa 9–1, So ab 17 Uhr

Panico Biondo

Gemütliche Pianobar mit kleinen Gerichten.

Via di Panico 12 (Centro Storico); Bus 64; Di–Sa 12–20, 22.30–2.30, So 12–20 Uhr

Auf der Spanischen Treppe treffen sich alle, die noch etwas vorhaben.

MERIAN-Tipps

DRAUSSEN

Es gibt kaum etwas Schöneres als einen Sommerabend auf der Piazza Navona. Hier pulsiert das Leben, Menschen jedes Alters schlendern über den Platz, Kleinkünstler nutzen ihn als Bühne. Einmalig ist die Fontana dei Fiumi mit den Personifizierungen von Donau, Nil, Ganges und Río de la Plata.

Piazza Navona; Elektro-Bus 116, Bus 81, 87

DRINNEN

Rom besitzt auch gute Jazzkneipen. Als eine der besten gilt Alexanderplatz, wo die Konzerte um 22.30 beginnen (Via Ostia 9, Prati; Metro Ottaviano; tgl. 21–2 Uhr, So geschl.). Bei Big Mama wird zuweilen auch Blues oder Funk gespielt (Vicolo San Francesco a Ripa 18, Trastevere; Tram 8; Di–Sa 21–1.30 Uhr).

Abends auf der Piazza Rotonda.

Rom Innenstadt
Viale Angelico
Viale delle Milizie
Lepanto
Viale Giulio Cesare
Via degli Scipioni
Ottaviano
Via Germanico
Via Fabio Massimo
V.M. Colonna
Via A. Farnese
S. Gioacchino
Pza. Cola di Rienzo
Via Cola di Rienzo
V. Vespasiano
Via Ottaviano
V. Leone IV
Via Cicerone
Via Tacito
Via Boezio
Via Cassiodoro
Teatro Adriano
Via Crescenzio
Via di Porta Angelica
V. S. Porcari
Piazza Adriana
Parco Adriano
Via Triboniano
Pal. di Giustizia
Musei Vaticani
Città del Vaticano
Borgo Pio
Cappella Sistina
Castel Sant' Angelo
Pza. S. Pietro
S. Pietro
Via della Conciliazione
Lung. di Castello
Lung. Prati
Borgo S. Spirito
Ospedale S. Spirito
V. Pio X
Lung. Vaticano
Ponte S.Angelo
Tevere
(Tiber)
Ponte Umberto
L. in Sassia
Ponte Vitt. Emanuele II
Lung. Marzio
Pza. d. Rovere
P. Pr. Amedeo
Ponte Matteotti
Ponte P. Nenni
Lung. A. da Brescia
Lung. Michelangelo
Staz. Roma-Viter
Flam
Via Flam
Via Ferd. di Sav
Ponte Reg. Margherita
Lung. in Augusta
Lung. Mellini
Ara Pacis Augustae
Via V.Colonna
Ponte Cavour
S. Cuore
Pza. Porta Ripetta
Palazz Altemp
Museo Napoleonico
V. Zanardelli
S. Agostino
Via della Scrofa
V. d. Coronari
Moretti Collezioni
S. Maria della Pace
Via G. Vecchio
S. Luigi dei Francesi
Pza. Navona
Pal. Madama
Corso Vittorio Emanuele II
Chiese Nuova
Sant' Agnese in Agone
Pal. Braschi
Pal. Massim
Via Giulia
Museo di Criminologia
Pal. d. Cancelleria
Museo Barracco
Pza. Paradiso
Teatro di Pompeo
Pza. Campo de' Fiori
Pal. Farnese
Pal. Spada
V. dei Pettinari
Via Giubbonari
Via Arenul
Via del Fornaci
S. Onofrio
L. d. Sangallo
Lung. Gianicolense
Via della Lungara
Ponte Mazzini
Lung. dei Tebaldi
Lung. d. Farnesina
M. Gianicolo
Villa Farnesina
Pal. Corsini
Villa Corsini
Ponte Sisto
Lung. d. Vallati
Lung. Sanzio
Ponte Garibaldi
Is. Tiber.
L. d. A
Lun
V. d. Scala
S. Maria della Scala
Via Garibaldi
S. Pietro in Montorio
S. Maria in Trastevere
V. d. Lungaretta
V. L. Manara
Pza. di S. Cosimato
Viale Trastevere
S. Cecilia in Trastevere
N
0
450 m
© MERIAN-Kartographie

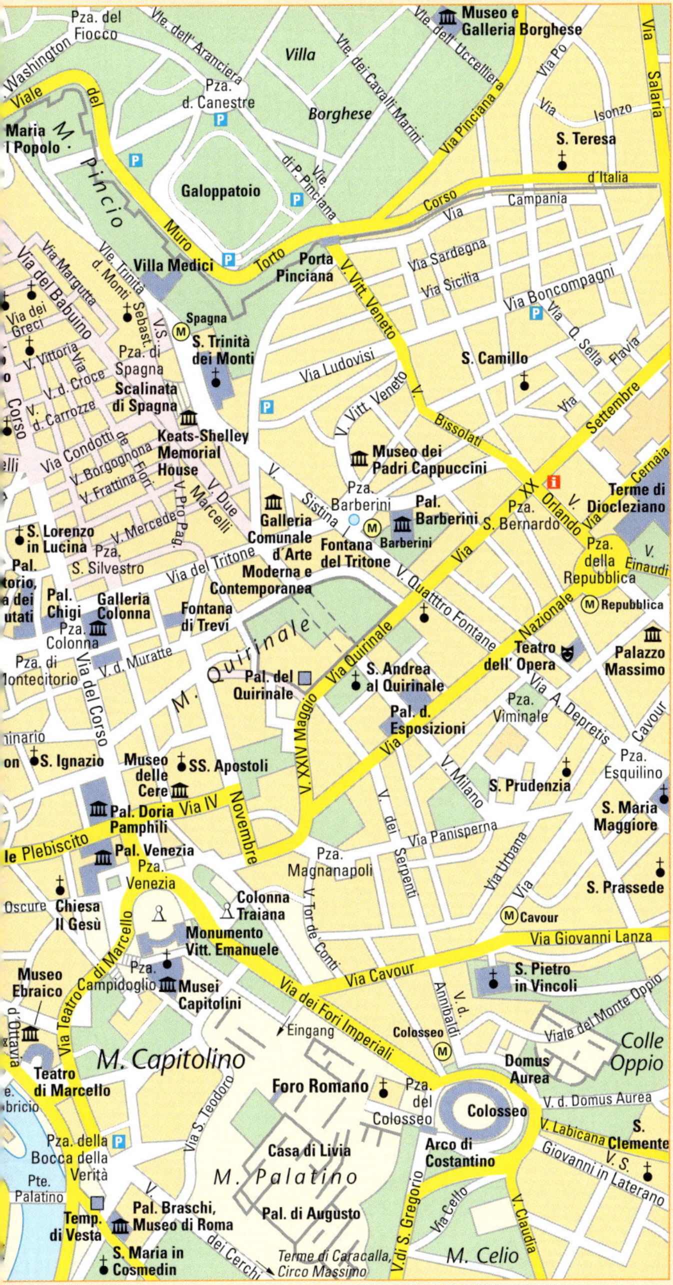

Pza. del Fiocco
V. Washington
Vle. dell' Aranciera
Villa Borghese
Vle. dei Cavalli Marini
Vle. dell' Uccelliera
Museo e Galleria Borghese
Via Salaria
Via Po
Via Isonzo
Viale del Muro Torto
Pza. d. Canestre
Maria del Popolo
M. Pincio
Galoppatoio
Vle. di P. Pinciana
Via Pinciana
S. Teresa
Corso d'Italia
Via Campania
Villa Medici
Porta Pinciana
Vle. Trinità d. Monti
Via Margutta
Via del Babuino
Via dei Greci
V. Vittoria
Via Sardegna
Via Sicilia
Via Boncompagni
V. Vitt. Veneto
Spagna
S. Trinità dei Monti
V. S. Sebast.
Pza. di Spagna
Via Q. Sella
Via Flavia
Via Croce
V. d. Carrozze
Corso
Scalinata di Spagna
Via Ludovisi
S. Camillo
Keats-Shelley Memorial House
Via Condotti
V. Borgognona
V. Frattina
Via Mario de' Fiori
V. Due Macelli
V. Pr. Pag.
V. Bissolati
Museo dei Padri Cappuccini
Via Settembre
Via Cernaia
Pza. Barberini
Pal. Barberini
Barberini
V. Sistina
Galleria Comunale d'Arte Moderna e Contemporanea
Fontana del Tritone
XX Via
Pza. S. Bernardo
V. Orlando
Terme di Diocleziano
S. Lorenzo in Lucina
V. Mercede
Pza. S. Silvestro
Via del Tritone
Pza. della Repubblica
V. Einaudi
Repubblica
Pal. Chigi
Galleria Colonna
Pza. Colonna
Fontana di Trevi
V. Quattro Fontane
Via Nazionale
Teatro dell' Opera
Palazzo Massimo
Pza. di Montecitorio
V. d. Muratte
Via del Corso
M. Quirinale
Pal. del Quirinale
Via Quirinale
S. Andrea al Quirinale
Pza. Viminale
Via A. Depretis
Via Cavour
Pal. d. Esposizioni
Pza. Esquilino
S. Ignazio
Museo delle Cere
SS. Apostoli
V. XXIV Maggio
V. Milano
S. Prudenzia
S. Maria Maggiore
Pal. Doria Pamphili
Via IV Novembre
V. dei Serpenti
Via Panisperna
Via Urbana
Via Plebiscito
Pal. Venezia
Pza. Venezia
Pza. Magnanapoli
V. Tor de' Conti
S. Prassede
Oscure
Chiesa Il Gesù
Colonna Traiana
Via Cavour
Monumento Vitt. Emanuele
Via Giovanni Lanza
Museo Ebraico
Pza. Campidoglio
Musei Capitolini
Via Teatro di Marcello
Via dei Fori Imperiali
S. Pietro in Vincoli
V. d. Annibaldi
Colosseo
Eingang
Viale del Monte Oppio
Colle Oppio
M. Capitolino
Domus Aurea
Teatro di Marcello
Via S. Teodoro
Foro Romano
Pza. del Colosseo
Colosseo
V. d. Domus Aurea
V. Labicana
S. Clemente
Pza. della Bocca della Verità
Casa di Livia
Arco di Costantino
V. S. Giovanni in Laterano
Pte. Palatino
M. Palatino
Temp. di Vesta
Pal. Braschi, Museo di Roma
Pal. di Augusto
Via S. Gregorio
Via Cello
V. Claudia
V. dei Cerchi
S. Maria in Cosmedin
Terme di Caracalla, Circo Massimo
M. Celio

il treno di Roma

legenda

- Ferrovia metropolitana
- FM1 Orte - Fara Sabina - Tiburtina - Fiumicino aeroporto
- FM2 Roma - Tivoli
- FM3 Roma - Cesano di Roma
- FM4 Roma - Frascati/Albano/Velletri
- FM5 Roma - Cerveteri/Ladispoli - Civitavecchia
- FM6 Roma - Frosinone
- FM7 Roma - Campoleone - Latina
- FM8 Roma - Campoleone - Nettuno
- *Ciampino Collegamento bus da FS Ciampino a Aeroporto Ciampino
- Ferrovie urbane
- Metro linea A
- Metro linea B
- FS non-stop Termini - Fiumicino aeroporto
- Stazione di scambio (metro-ferrovia)
- Parcheggio di scambio
- capilinea bus extraurbani
- Cesano (etc.) Il limite di validità della tariffa urbana Metrebus Roma
- Stazione di prossima apertura
- G. R. A Grande Raccordo Anulare

FM1 a Orte
Fara Sabina
Piana Bella di Montelibretti
Monterotondo
Settebagni
Fidene
Nuovo Salario
G. R. A
Campi Sportivi
Acqua Acetosa
Euclide
Nomentana
Tiburtina
Bologna
Quintiliani
M. Tiburtini
Rebibbia
P. Mammolo
S. M. Soccorso
Pietralata
Fiume Aniene
Barberini
Repubblica
Policlinico
C. Pretorio
Termini
Prenestina
Vittorio E.
Manzoni
S. Giovanni
Re di Roma
Ponte Lungo
Tuscolana
Furio Camillo
Colli Albani
Arco di Travertino
Porta Furba-Quadraro
Numidio Quadrato
Lucio Sestio
Giulio Agricola
Subaugusta
Cinecittà
Anagnina
Capannelle
Laziali
S.Bibiana
Porta Maggiore
Ponte Casilino
S.Elena
Villini
Alessi
Filarete
Tor Pignattara
S.Marcellino
Centocelle/Balzani
staz. Centocelle
Togliatti
Grano
Alessandrino
Torre Spaccata
Torre Maura
W. Tobagi
Giardinetti
S.Antonio
Torrenova
Torre Angela
Torraccio di Torrenova
Torre Gaia
Grotte Celoni
Fontana Candida
Borghesiana
Finocchio
Pantano
lavori in corso
Tor Sapienza
La Rustica
Salone
Lunghezza
Bagni di Tivoli
Guidonia
FM2 a Sulmona
Paolo
Torricola
Tor Vergata
Colle Mattia
Colonna
FM6 a Frosinone
*Ciampino
FM4
Frascati
Casabianca
S. M. d. Mole
Pavona
Cancelliera
Cecchina
Lanuvio
S. Gennaro
S. Eurosia
Velletri
FM4
Acqua Acetosa
Sassone
Pantanella
Marino Laziale
Castelgandolfo
Villetta
Albano Laziale
FM4
Pomezia - S. Palomba
FM8 a Nettuno
FM7 a Latina

STOCKHOLM

Einerseits gibt es hier im »kühlen Norden« Drinks buchstäblich »auf Eis«, andererseits ist Stockholm heißer Club- und Fashionstandort.

»Venedig des Nordens« – Stockholm wird nicht zu Unrecht mit der Lagunenstadt verglichen.

STOCKHOLM ZU FUSS

Dieser Spaziergang durch die **Altstadt (Gamla Stan)** beginnt am Verkehrsknotenpunkt **Slussen**. Von hier gehen Sie durch die Järntorgsgatan zum **Järntorget**, dem Eisenmarkt. Hier wurde früher das Stangeneisen für den Export gewogen. Die **Konditorei Sundbergs** ist die älteste der Stadt (1785). Evert Taube, dessen Statue Sie sehen, war Seemann und ein populärer Sänger. Er saß oft im **Gyldene Freden**, heute ein Gourmet-Restaurant mit schwedischer Küche.

Weiter links die Södra Benickebrinken hinauf. So gelangen Sie zur **Tyska kyrkan**, der deutschen Kirche. Über die Kindstugatan kommen Sie zum schönen Platz **Brända Tomten**. Ihm folgt der **Köpmantorget**. Über Bollhusgränd nähern Sie sich dem **Slottsbaken**, dem großen Platz vor dem Schloss.

Källargränd bringt Sie auf den **Stortorget**, den die Börse dominiert. Dieser Platz war bis ins 18. Jh. Stockholms Mittelpunkt. Links an der Börse vorbei gehen Sie hinunter zur **Storkyrkan**. An der Apotheke Korpen biegen Sie links in die **Västerlånggatan** ein, die meist frequentierte Straße der **Altstadt**. Kneipen und Boutiquen links und rechts. Dann ist wieder der Järntorget erreicht.

ÜBERNACHTEN

Die Zahl der Hotelbetten in Stockholm ist hoch, ca. 100 Hotels gibt es in der Stadt, weitere 50 befinden sich im näheren Umkreis. Bei edleren Häusern wie dem Grand Hotel oder dem Strand Hotel zahlen Sie, außer für den Komfort, natürlich auch für die Lage. Doch auch günstigere Hotels zu finden ist im Zentrum nicht schwierig.

Je weiter Sie sich von der Altstadt Gamla Stan entfernen, desto günstiger wird es. Das muss kein Nachteil sein, denn dank der U-Bahn sind Sie schnell im Zentrum und schnell in Ihrer Unterkunft. Wenn von Ende Juni bis Anfang August Industrieferien sind und den Hotels die Geschäftsleute fehlen, wird es noch preiswerter. Auffällig ist, dass die Stockholmer Hotels eher groß, kleine, verträumte Häuschen selten sind.

Wer im Internet über die Hotel Centralen ein Hotel bucht, erhält das Stockholmspaket: Es gewährt in den Sommermonaten nicht nur einen guten Hotelrabatt, sondern auch noch freien Eintritt in viele Museen sowie die kostenlose Benutzung öffentlicher Verkehrsmittel und einiger Ausflugsboote.

HOTEL-HIGHLIGHTS

City Hotel
Sehr zentral gelegen; versuchen Sie, ein Zimmer im Stammhaus, nicht im Anbau zu bekommen.
Slöjdgatan 7; Tel. 7 23 72 00, Fax 7 23 72 09; U-Bahn: Hötorget; 293 Zimmer; ab 125 € AmEx DINERS

Clas på Hörnet
Sehr klein, kuschelig, Antiquitäten in den Zimmern.
Surbrunnsgatan 20; Tel. 16 51 30, Fax 6 12 53 15; U-Bahn: Tekniska högskolan; 10 Zimmer; ab 120 € AmEx DINERS

Hotel Brunnen
Gemütlich, mit historischem Flair, in einer ruhigen Seitenstraße.
Surbrunnsgatan 38; Tel. 15 04 20, Fax 15 88 65; U-Bahn: Odenplan; 40 Zimmer; ab 120 € AmEx DINERS

Mälardrottningen
Originell, denn das Hotel befindet sich auf einer 1924 gebauten Luxusjacht.
Riddarholmen 11; Tel. 54 51 87 80, Fax 24 36 76; www.malardrottningen.se; U-Bahn: Gamla Stan; 59 Zimmer; ab 130 € AmEx

Queen's Hotel
Früher eine Nobelherberge, heute ein gutes, preiswertes Haus, sehr zentral.
Drottninggatan 71a; Tel. 24 94 60, Fax 21 76 20; U-Bahn: Rådmansgatan; 30 Zimmer; ab 100 € AmEx DINERS

Knastcharme oder -schauder? Das Långholmen Vandrarhem.

MERIAN-Tipps

IM KNAST
Wer einmal im Gefängnis nächtigen will, kann das im Långholmen Vandrarhem tun. Es war einst ein Knast, heute haben die Zellen Bad und Fernsehen.
Gamla Kronohäktet; Tel. 7 20 85 00, Fax 7 20 85 75; U-Bahn: Hornstull; 102 Zimmer; ab 20 €

JUGENDHERBERGE
Charmante Kajüten auf einem alten Segelschiff. Die schwimmende Jugendherberge ist so beliebt, dass Sie sich ein Jahr vorher um ein Bett kümmern müssen.
Skeppsholmen; Tel. 4 63 22 66, Fax 6 11 71 55; U-Bahn: Kungsträdgården; 290 Betten, ab 15 €

Die af Chapman.

Moderne Skulpturen im ehemaligen königlichen Küchengarten.

MERIAN-Tipps

STOCKHOLM VON OBEN

Das Stadshuset ist das Wahrzeichen der Stadt, im Blauen Saal wird am 10. Dezember nach der Nobelpreisverleihung (die im Konserthuset stattfindet) gefeiert. Sie haben vom Turm einen tollen Blick auf die Stadt.

Hantverkargatan 1;
Turm: Mai–Sept. 10–16.30 Uhr;
U-Bahn: T-Centralen

GRÜNES STOCKHOLM

Der Djurgården war einst königliches Jagdrevier, ist heute die grüne Lunge der Stadt, lädt ein zu Spaziergängen am Wasser und bietet einige der reizvollsten Sehenswürdigkeiten, so u.a. das Freilichtmuseum Skansen und das Vasamuseet.

Bus 44, 47, 69

Blick auf die nächtliche Altstadt.

SIGHTSEEING

Stockholm wird gerne als das »Venedig des Nordens« bezeichnet. Tatsächlich durchziehen Wasserstraßen das Zentrum, prächtigen Bauten lassen an die italienische Stadt denken. Stockholm konnte viele alte Bauwerke, Schlösser und Kirchen bewahren.

Architektonisches Schmuckstück ist die Altstadt (Gamla Stan). Nördlich von ihr erstreckt sich Norrmalm mit Banken und Boutiquen. Östlich wird es in Östermalm nobel und teurer. Südlich hingegen bodenständiger: Södermalm ist ein altes Arbeiterviertel, das heute unter jungen Leuten sehr beliebt ist.

Aber auch die Museumsszene ist sehr facettenreich. Ungefähr 50 Museen sind eine stolze Zahl, das Spektrum reicht vom Tanz- bis zum Postmuseum, vom Strindberg- bis zum Straßenbahnmuseum. Dank sehr engagierter Sammler besitzt die Stadt wunderbare Kunstmuseen.

SIGHTSEEING-HIGHLIGHTS

Gamla Stan

Wunderschön, etwas überlaufen, trotzdem verträumt – die Altstadtinsel bietet alle Facetten.

U-Bahn: Gamla Stan

Kungliga slottet

Das Schloss wurde 1754 fertig gestellt und ist weitgehend zu besichtigen, denn Königs wohnen nicht hier, sondern auf Drottningholm.

Wachablösung Mo–Sa 12.15 Uhr, So 13.15 Uhr;
U-Bahn: Kungsträdgården

Prins Eugens Waldemarsudde

Eugen, der Sohn von König Oskar II (1865-1947), besaß hier in einmaliger Lage sein Atelier, malte selbst und sammelte eifrig Larsson, Munch und andere.

Prins Eugens väg 6; Bus 47; Di–So 11–17, Do 11–20 Uhr

Skansen

150 Häuser aus ganz Schweden auf 300 000 qm. Die »Schanze« ist das älteste Freilichtmuseum der Welt (1891).

Djurgårdsslätten 49–51; Bus 44, 47 oder Fähre ab Slussen; im Sommer tgl. 9–22 (die Häuser nur bis 17), Sept.–April nur bis 16 Uhr (die Häuser sind nur am Wochenende geöffnet)

Vasamuseet

1628 sank die Vasa auf ihrer Jungfernfahrt, heute kann sie von allen Seiten bestaunt werden, unglaublich beeindruckend.

Galärvarvet, Djurgården; Bus 44, 47, 69; tgl. 10–17, 10. Juni–20. Aug. 9.30–19 Uhr (Do bis 20 Uhr)

ESSEN UND TRINKEN

»Annorlunda« – ganz anders: das ist Schwedens Küche allemal. Typischster Vertreter ist der Hering, der in vielen Variationen neben anderen Fischarten, kalten Fleischgerichten, Saucen, Salaten, Eierspeisen und diversen Käsesorten seinen unangefochtenen Platz auf dem »smörgåsbord« (Butterbrottisch) einnimmt.

Typisch schwedische Gerichte sind auch »Janssons frestelse«, ein Gratin aus Kartoffeln und Anchovis oder »köttbullar«, Fleischklößchen, zu denen man Kartoffelbrei und Preiselbeeren reicht.

Zum Essen trinkt man in Schweden Milch oder Bier. In den Lunchrestaurants sind oft ein Getränk und der Kaffee im Preis inbegriffen. Schweden sind leidenschaftliche Kaffeetrinker, in Cafés zahlen Sie oft nur die erste Tasse, die zweite ist kostenlos (»påtår«).

Schweden lieben Rituale. Beim »kräftfest«, dem Krebsessen Anfang August, ist das Tragen von Papierhütchen Pflicht. Schnaps gibt es dann reichlich, ebenso bei dem kurz darauf stattfindenden »Surströmmingsfest«. Dabei werden vergorene Heringe verzehrt – ein ungewöhnliches Erlebnis.

GASTRO-HIGHLIGHTS

Bistro Bohème
Ideal bei Sonnenschein, dann kann man draußen speisen und die Boulespieler beobachten.
Drottninggatan 71a; Tel. 4 11 90 41; U-Bahn: Hötorget; ab10 €

Kajsas Fisk
Gutes und günstiges Fischrestaurant, Selbstbedienung, Rauchen verboten.
Hötorgetshallen 3-6; Tel. 20 72 62; U-Bahn: Hötorget; tgl. bis 18, Sa bis 16 Uhr, So geschl., ab 6 €

Kungshallen
Wer noch nicht genau weiß, wonach ihm ist, kann sich hier zwischen 14 Geschmacksrichtungen und Preisklassen entscheiden.
Kungsgatan 44; U-Bahn: Hötorget; Mo–Fr 9–23, Sa, So 11–23 Uhr; ab 6 €

Pizzeria Il Forno
Ein ganz sicherer Tipp, denn hier gibt es die beste Pizza der Stadt.
Atlasgatan 9; Tel. 31 90 49; U-Bahn: St. Eriksplan; ab 10 €

Vete-Katten
Schönes Jugendstil-Café mit gutem schwedischen Essen.
Klara Norra Kyrkogatan 26; U-Bahn: T-Centralen; So geschl.

Die Gastronomien am Wasser sind beliebt und immer voll.

MERIAN-Tipps

FÜR DEN SCHNELLEN HUNGER

Sie nennen sich »korvkiosk« (Wurstbude) oder »gatukök« (Straßenküche) und servieren die »tunnbrödsrulle« (Wurst mit Kartoffelbrei in Fladenbrot) und »korv med mos och bostongurka« (Wurst mit Kartoffelbrei und Pickles aus Essiggurken). Schwedische Klassiker für zwischendurch.

FÜR LAUSCHIGE ABENDE

Sobald es wärmer wird, sitzen die Stockholmer bis tief in die Nacht in den Gartenlokalen. Blå Porten (Djurgårdsvägen 60) und Centralbadets Restaurant (Drottninggatan 88) gehören zu den schönsten.

NEBENKOSTEN IN €

1 Tasse Kaffee	1,95
1 Bier	5,00
1 Cola	2,20
1 Brot (ca. 500 g)	2,20
1 Schachtel Zigaretten	5,15
1 Liter Benzin	1,06
Fahrt mit Bus (Einzelfahrt)	3,24
Mietwagen/Tag	ab 17,00

Köstlichkeiten in der wunderbaren Östermalms Saluhall.

MERIAN-Tipps

STOCKHOLM GÜNSTIG

Auf dem zentralen Markt Hötorget können Sie nicht nur Obst und Gemüse, sondern auch z.B. Schuhe sehr günstig erstehen. Sehr entspannte Atmosphäre, kurz vor Toresschluss wird manches noch billiger.

Mo–Fr 10–18, Sa 10–15 Uhr; U-Bahn: Hötorget

STOCKHOLM TEUER

Stärkeres Bier, Wein und Schnaps gibt es nicht beim Kaufmann, sondern nur im staatlichen Geschäft, dem »Systembolaget«. Die Preise sind gepfeffert, damit nicht so viel getrunken wird.

Klarabergsgatan 62 und Regeringsgatan 44

Das Kaufhaus Nordiska Kompaniet.

EINKAUFEN

Die Drottninggatan ist die Haupteinkaufsstraße der Stadt. Mode, Schuhe, Geschenkartikel, Filialisten und Kaufhäuser prägen das Bild. Sie führt im Süden in die Gamla Stan, wo sich teils hübsche, kleine originelle Boutiquen verstecken, teils simple Souvenirgeschäfte um die Gunst des Publikums buhlen.

Wer es etwas edler mag, geht stattdessen eher in die Biblioteksgatan, wo die bekannten Modelabels zu finden sind, und betritt die Sturegallerian, die Nobelpassage.

Erdiger ist es in der Hantverkargatan sowie in Södermalm in der Folkungagatan. Hier ist das Angebot preiswerter und ursprünglicher.

Schweden ist bekannt für seine ausgezeichnete Freizeitkleidung (Fjällräven etc.), das Glas aus Småland (Orrefors etc.), die Holzschuhe sowie die roten Holzpferdchen aus der Provinz Dalarna. Alle eignen sich als mögliche Mitbringsel. In der Mode hat Schweden mehr hervorgebracht als Hennes & Mauritz, so z.B. J. Lindeberg, Filippa K und Björn Borg.

Bedenken Sie beim Preisvergleich mit heimischen Preisen, dass die schwedische Mehrwertsteuer 25 % beträgt.

SHOPPING-HIGHLIGHTS

Design Torget

Design nicht nur aus Schweden, sondern aus ganz Skandinavien.

Kulturhuset, Sergels Torg 3; U-Bahn: T-Centralen; Filialen: Götgatan 38 und Sturegallerian

Knulp

Wer die typischen nordischen Holzschuhe erwerben möchte, findet hier ein breites Angebot.

Kungsgatan 53; U-Bahn: Hötorget

Nordiska Kompaniet (NK)

Das traditionsreiche Nobelkaufhaus, breites Sortiment und sehr schön eingerichtet.

Hamngatan; U-Bahn: T-Centralen

Östermalms Saluhall

Eine Markthalle aus dem 19. Jh., heute Fisch, Obst, Gemüse und mehr vom Feinsten, außerdem einige Bistros.

Nybrogatan 29–33; U-Bahn: Östermalmstorg; So geschl.

Skärholmens Loppmarknad

Nordeuropas größter Flohmarkt, täglich geöffnet, am Samstag kommen die meisten Aussteller und Besucher.

Skärholmen Centrum; U-Bahn: Skärholmen; Mo–Fr 11–18, Sa 9–15 Uhr, So 10–15 Uhr

AM ABEND

Stockholm ist eine ausgesprochene Kinostadt, hier wurden die ersten längeren Stummfilme gedreht. Und da alle Filme in Originalsprache mit Untertexten gezeigt werden, können auch Menschen, die des Schwedischen nicht mächtig sind, zumindest den einen oder anderen Film sehen.

Sollte das Wetter gut sein, werden Sie lieber draußen sein. Das tun die Stockholmer auch, man ist dankbar für die eher wenigen Sonnentage. Vor jedem Lokal stehen dann Stühle, es wird draußen serviert (»uteservering«). Die Wichtigen begeben sich dann zum Stureplan, die anderen z.B. nach Södermalm. Bereiten Sie sich aber auf ein höheres Preisniveau vor. Alkohol wird hoch besteuert, Schnäpse können sehr teuer sein.Vielleicht reicht aber auch ein abendlicher Spaziergang auf dem Djurgården. Der dortige Vergnügungspark Gröna Lund hat im Sommer übrigens bis 24 Uhr geöffnet.

Was gerade wo läuft, erfahren Sie in der Freitagsbeilage »På stan« der Tageszeitung »Dagens Nyheter«. Im völligen Ausnahmezustand befinden sich Stadt und Land im Übrigen zu Mittsommer (»midsommar«, Ende Juni), dann wird um die großen Feuer getanzt und getrunken, solange die Kräfte reichen.

NIGHTLIFE-HIGHLIGHTS

Cadierbar

Das Grand ist die Nummer eins der Stockholmer Hotels. Hier gönnen Sie sich einen der vorzüglichen Drinks an der Bar.

Grand Hotel; Södra Blasieholmshamnen 8; U-Bahn: Kungsträdgården

Engelen

Allerbeste Musik, live und vom Teller.

Kornhamnstorg 59; Tel. 4 11 66 71; U-Bahn: Gamla Stan

Musikaliska Akademien

Klassische Konzerte in zwei Sälen, viele mit freiem Eintritt.

Nybrokajen 11; Tel. 4 07 16 00; www.nybrokajen11.rikskonserter.se; U-Bahn: Kungsträdgården

Pelikanen

Stockholms älteste Bierkneipe, hier gab es auch Bier, als es verboten war.

Blekingegatan 40; U-Bahn: Medborgarplatsen

Stampen

Großartiges Lokal mit allen Varianten des Jazz, immer gut besucht.

Stora Nygatan 5; U-Bahn: Gamla Stan; tgl. ab 20 Uhr

In der Schlange stehen gehört bei Stockholms Nachtleben dazu.

MERIAN-Tipps

IM EIS

Das gibt es nicht überall: Sie sitzen im geliehenen Poncho und schlürfen in der Icebar bei –4° C Ihren Drink.

Nordic Sea Hotel, Vasaplan 4; U-Bahn: T-Centralen; 15–24, So bis 21 Uhr

AUF DEM WASSER

Im Sommer sind abendliche Bootsfahrten sehr beliebt. Sie fahren z.B. hinaus in die Schären, unterwegs wird das Essen serviert. Infos erhalten Sie beim Touristenbüro oder Sie schauen sich die aktuellen Angebote direkt am Ableger an Strömbron und S. Blasieholmens Strömkajen an.

Schöne Menschen, trendige Bar.

Observatoriet
Rådmansgatan
Observatorie-lunden
Sveavägen
Stadsbiblioteket, Vilda Vanadis, Hagaparken, Flughafen, Uppsala, Ulriksdals slott, Rosersberg slott
Karlavägen
Sturegatan
Humlegården
Carl von Linné
Kungliga biblioteket
Linnégatan
Brahegatan
Kommendörsg.
Judiska museet
Vegagatan
Upplandsgatan
Drottninggatan
Holländargatan
Västmannagatan
Norrmalm
Birger
Engelbrektsgatan
Jarls-
gatan
Rådmans-gatan
Kammakargatan
Johannes kyrka
Strindberg-museet
Tegnér-lunden
Adolf Fredriks kyrka
Dalagatan
Rådmansgatan
Tegnérgatan
Regeringsgatan
Humlegårdsg.
Öster Saluhall
Birkastan
Walling.
Centralbadet
Folkets hus, Dansmuseet
Barnhusg.
Hötorget
Malmskillnadsgatan
Kungsgatan
Stureplan
Grev Turegatan
Torsgatan
Olof Palmes Gata
Lästmakargatan
Norrlandsgatan
Biblioteksg.
Nybrogatan
Hötorget
Konserthuset
Jakobsbergsg.
Vasateatern
gatan
Smålandsgat.
Dramaten
Drottningholm slottet
Kungsbron
Kungsgatan
Oscars
Mäster Samuelsgatan
Hallwylska museet
Sergels Torg
Hamngatan
Nybroplan
Berzelii Park
Vasagatan
Blekholmsg.
Cityterminalen
Klarabergsgatan
T-Centralen
Kulturhuset
Regeringsgatan
Kungsträdgården
Kungsträdgårdsgatan
Klara kyrka
Drottninggatan
Kungsholmen
Klarabergsviadukten
Centralstationen
T-Centralen
Malmtorgsg.
Kungsträdg.
Stallgatan
Blasieholmen
S. Blasieholmsh.
Medelhavs-museet
G. Adolfs Torg
Operan
Rödbodtorget
Fredsgatan
Helgeandsholmen
Strömkajen
Kungsholms kyrka
Rosenbad
Strömgatan
Norrbro
Strömbron
Medeltids-museet
Hantverkargatan
Vasabron
Riksdagen
Kungliga slottet
Gustav
Norr Mälarstrand
Stadshuset
Centralbron
Strömsborg
Riddarholmen
Storkyrkan
Slottsbacken
Skeppsbron
Birger Jarls Torn
Riddarhuset
Finska kyrkan
Smedsuddsbadet
Drottningholm slottet
Göta-Kanal
Köpmang.
Riddarholms-kyrka
Stora
Lilla
Post-museum
Västerlångg.
Nygatan
Gamla Stan
Tyska kyrkan
Gamla Stan
Österlångg.
Stadsholmen
Riddarfjärden
Järn-torget
Centralbron
Karl Johans Torg
Karl-Johan slussen
Långholmen
Söder Mälarstrand
Stadsmuseet
Skinnarviksparken
Bastugatan
Tavastgatan
Brännkyrkagatan
Katarinahiss
Maria Magd. kyrka
Slussen
Södra teatern
Folkoperan
Timmermansgatan
Hornsgatan
Leksaksmuseet
Söderleden
Götgatan
Mariatorget
Mosebacke Torg
Bellman museet, Södertälje, Gröndal
Brännkyrkagatan
St. Paulskyrkan
Paulsgatan
Zinkensdamm
St. Paulsgatan
Södermalm
Hornsgatan
Mariatorget
W. Yxkullsg.
Högbergsgatan
Maria Prästgårdsg.
Bofills Båge, Globen-Arena, Skogskyrkogården
© MERIAN-Kartographie

Stockholm
0
450 m
Universitetet, Eldhs ateljé
Valhallavägen
Karlaplan
Stadion
Sibyllegatan
Artillerigatan
Värta-vägen
Borgvägen
Banérgatan
Gustav Adolfs kyrka
Gustav Adolfsparken
Oxenstiernsgatan
TV-huset
Karlavägen
Skeppargatan
Grevgatan
Narvavägen
Historiska museet
Storgatan
Linnégatan
Oskars kyrka
Berwaldhallen
Gärdesgatan
Skarpögatan
Etnografiska museet, Sjöhistoriska museet, Kaknästornet, Tekniska museet
Strandvägen
Engelska kyrkan
Nobelparken
Nobelgatan
Riddargatan
Styrmansgatan
Grev Magnigatan
Torstenssonsg.
Djurgårdsbrunnsviken
Ladugårdslandsviken
Nordiska museet
Junibacken
Galärparken
Rosendalsvägen
Rosendals slott
Vasamuseet
Estoniamonumentet
Skansen Nebeneingang
Djurgården
Östasiatiska museet
Biologiska museet
Skansen
Seglora kyrka
Skeppsholmskyrkan
Moderna museet
Liljevalchs konsthall
Djurgårdsvägen
Tobaksmuseet
Skansen Haupteingang
Skeppsholmen
Arkitekturmuseet
Aquaria Vattenmuseum
Cirkus
Djurgårdsslätten
Prins Eugens Waldemarsudde, Thielska galleriet
Djurgårdskyrkan
Gröna Lund
Kastellholmen
Beckholmen
Waldemarsviken
Saltsjön
Fjäderholmarna, Vaxholm
Stadsgårdsleden
Fjällgatan
Stigbergsgatan
Erstag.
Norska kyrkan
Tegelvikshamnen
Folkungagatan
Masthamnen
Spårvägsmuseet, Gustavsberg, Nacka
Vitabergsparken

Verkehrslinienplan Stockholm

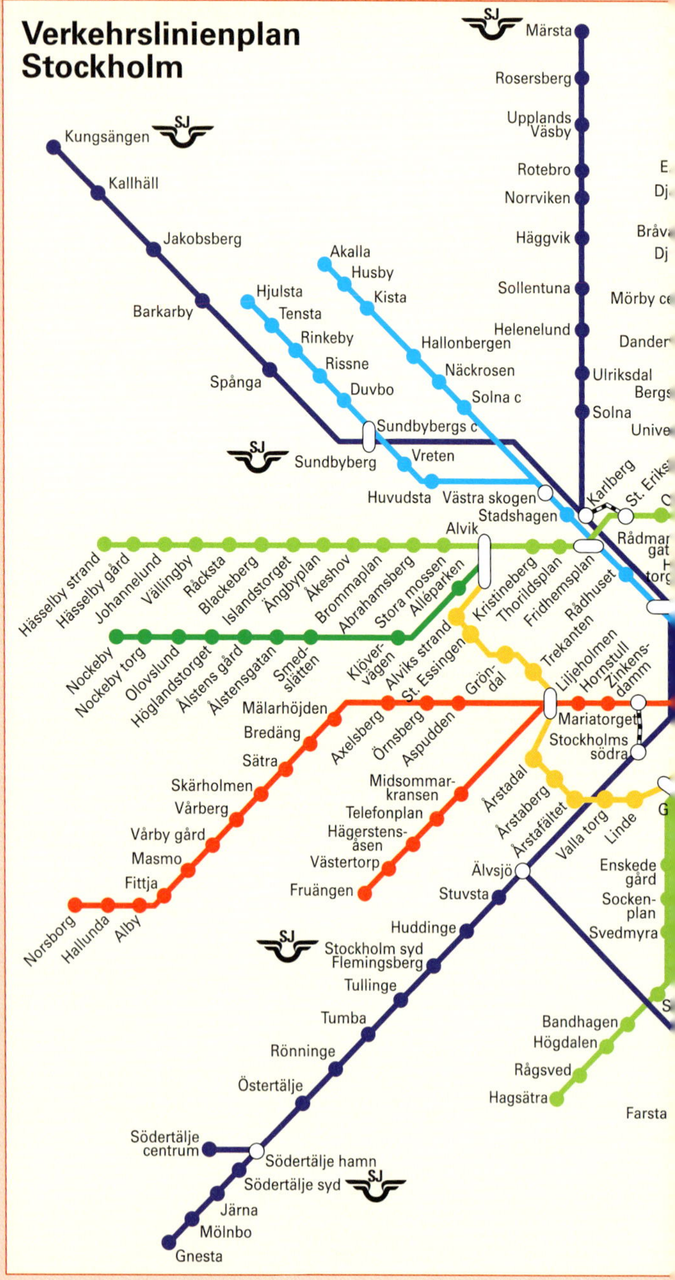

Täby kyrkby
Kragstalund
Bällsta
Vallentuna
Ormsta
Molnby
Lindholmen
Frösunda
Ekskogen
Kårsta
Täby centrum
Galoppfältet
Viggbyholm
Hägernäs
Rydbo
Täljö
Åkers Runö
Åkersberga
Tunagård
Österskär
Vendevägen
Östberga
Altorp
Lahäll
Näsby allé
Näsbypark
Mörby
Stocksund
Frescati
Universitetet
Tekniska högskolan
Stockholms östra
Torsvik
Baggeby
Bodal
Larsberg
AGA
Centralvägen
Parkvägen
Kottla
Högberga
Brevik
Käppala
Talludden
Gåshaga
Gärdet
Ropsten
Karlaplan
Henriksdal
Sickla
Nacka
Saltsjö-Järla
Lillängen
Storängen
Saltsjö-Duvnäs
Östervik
Fisksätra
Igelboda
Neglinge
Ringvägen
Saltsjöbaden
Tippen
Tattby
Erstaviksbadet
Solsidan
Hammarbyhöjden
Björkhagen
Kärrtorp
Bagarmossen
Skarpnäck
Tunnelbanan
Hässelby-Farsta/Hagsätra/Skarpnäck
Ropsten/Mörby centrum-Fruängen/Norsborg
Akalla/Hjulsta-Kungsträdgården
Pendeltågen
Märsta-Södertälje-Gnesta
Kungsängen-Västerhaninge-Nynäshamn
Nockebybanan
Alvik-Nockeby
Lidingöbanan
Ropsten-Lidingö
Saltsjöbanan
Slussen-Saltsjöbaden/Solsidan
Roslagsbanan
Stockholm Ö-Näsbypark/Österskär/Kårsta
SJ
Mainline interchange station
Tvärbanan
Gullmarsplan-Liljeholmen
Walk of maximum 500 meters
Jordbro
Västerhaninge
Krigslida
Tungelsta
Hemfosa
Segersäng
Ösmo
Nynäsgård
Nynäs havsbad
Nynäshamn
Nynäshamns färjeterminal
© MERIAN-Kartographie

WIEN

Unnachahmlich ist der Charme mit Schmäh und schwarzem Humor, einzigartig die Koexistenz von Alt und Neu, Beisln und Clubszene.

Das Haas-Haus beim Stephansdom bildet einen faszinierenden Kontrast zu Wiens älteren Prachtbauten.

WIEN ZU FUSS

Sie starten an der **Hofburg**, durchqueren den **Hofgarten** umd kommen zum **Maria-Theresien-Denkmal**. 20 Meter hoch thront die Regentin hier. Von ihr sind es nur wenige Schritte bis zum **MuseumsQuartier**. Das Museum moderner Kunst Stiftung Ludwig Wien und das Leopold-Museum u.a. laden zum Besuch ein.

Sie verlassen das Quartier durch den Hinterausgang und stehen bald in der Breiten Gasse vor dem kleinsten Haus Wiens. Es wurde 1877 errichtet und beherbergt heute die **Goldschmiede- und Uhrmacherwerkstätte Schmollgruber**. Über die Siebensterngasse geht es hinein in das **Spittelbergviertel**.

Aus dem einstigen Rotlichtbezirk ist ein In-Viertel mit renovierten Häuschen geworden, in dem es nun ein breites Angebot an Geschäften und Lokalen gibt. Im **Siebensternbräu** wird das Vollmondbier ausgeschenkt, es wird tatsächlich nur bei Vollmond gebraut. Die Burggasse bringt Sie zum **Volkstheater**. Über den Schmerlingsplatz spazieren Sie auf der Ringstraße zum **Parlament**, dann über den Rathausplatz zum **Rathaus**. Von dort geht es durch den Rathauspark den Ring weiter hinauf, an der Universität vorbei und zur **Votivkirche**.

Wer nicht mehr laufen mag, fährt im Fiaker zur Hofburg.

ÜBERNACHTEN

Die bekannten Wiener Hotels wie das Grand Hotel oder das Imperial versprühen noch den Geist der k.u.k.-Zeit. Ihnen stehen neuere Luxusherbergen wie das von Sir Terence Conran gestaltete Das Triest gegenüber. Und natürlich die vielen kleineren Hotels und Pensionen in der Innenstadt, für die der Begriff gemütlich noch gilt. Hier wohnt man in charmanter Umgebung, der Service ist meist sehr zuvorkommend. Und der Preis ist vergleichsweise moderat.

Eines sollten Sie allerdings bedenken: Wann immer Sie nach Wien kommen, reservieren Sie rechtzeitig, denn die Zimmer in der österreichischen Hauptstadt sind grundsätzlich knapp.

Eine Alternative zum Innenstadt-Hotel kann eines im Großraum sein. Hier können Sie ein Doppelzimmer schon für 50 € bekommen, und die nächste Gartenwirtschaft ist bestimmt nicht weit.

HOTEL-HIGHLIGHTS

Graben

Kleines, feines Hotel neben dem Dorotheum, Literaten wie Kafka und Polgar stiegen hier ab.
I., Dorotheergasse 3; Tel. 51 21 53 10, Fax 5 12 15 31 20; www.kremslehnerhotels.or.at/graben; U-Bahn: Stephansplatz; 41 Zimmer; ab 140 €

Kugel

Beliebtes Low-Budget-Hotel beim Spittelberg, einfache, ordentliche Zimmer.
VII., Siebensterngasse 43; Tel. 5 23 33 55, Fax 5 23 33 55-5; www.hotelkugel.at; Straßenbahn 49; 38 Zimmer; ab 80 €

Pension Dr. Geissler

Sauber und günstig, nicht alle Zimmer mit eigenem Bad.
I., Postgasse 14; Tel. 5 33 28 03, Fax 5 33 26 35; www.hotelpension.at; U-Bahn: Lerchenfelderstraße; 21 Zimmer; ab 70 €

Post

Gemütlich und für die Lage preiswert, Zimmer nur teilweise mit eigenem Bad.
I., Fleischmarkt 24; Tel. 51 58 30, Fax 51 58 38 08; www.hotel-post-wien.at; U-Bahn: Stephansplatz; 107 Zimmer; ab 70 €

Suitehotel

Haus der Accor-Kette, groß, Internetzugang.
II., Radingerstr. 2; Tel. 24 58 80, Fax 24 58 81 88; www.suite-hotel.com; U-Bahn: Vorgartenstraße; 158 Suiten; ab 70 €

MERIAN-Tipps

KUNSTSINNIG SCHLAFEN

Der Kunstsammler Otto Wiesenthal hat sein Hotel Altstadt Vienna mit Werken aus seinem Bestand ausgestattet. Und so schläft der Besucher unter einem Original von Warhol oder Attersee. Auf diese Weise ist jedes Zimmer ein kleines Kunstwerk. Viel Charme versprüht auch der Rote Salon, in dem gefrühstückt wird.
VII., Kirchengasse 41; Tel. 5 22 66 66, Fax 5 23 49 01; www.altstadt.at; U-Bahn: Volkstheater; 36 Zimmer; 11 Suiten, ab 130 €

Nobelhotel Imperial.

Vergnügungspark mit Tradition und Charme: der Wiener Prater.

MERIAN-Tipps

WIEN HÖREN

Im Haus der Musik kann man nicht nur die Geschichte des Klanges nachvollziehen, sondern auch selbst aktiv werden. So dürfen Kinder z.B. sonntags um 10 Uhr virtuell die Wiener Philharmoniker dirigieren.

I., Seilerstätte 30; Voranmeldung unter Tel. 5 16 48 10; U-Bahn: Stephansplatz

WIEN FRIEDLICH

Wegen der rd. 2000 Promi-Gräber ist der Zentralfriedhof zum Ausflugsziel geworden. Beethoven und Hans Moser haben hier ihre letzte Ruhe gefunden, ebenso Nestroy und Curd Jürgens. Und 3 Mio. Wiener.

XI., Simmeringer Hauptstr. 234; S-Bahn: Zentralfriedhof, Straßenbahn 71, 72; Nov.–Feb. 8–17, März, April, Sept., Okt. 7–18, Mai–Aug. 7–19 Uhr

Das größte Palmenhaus Europas.

SIGHTSEEING

Stephansdom, Hofburg, Schönbrunn, Prater – die Sehenswürdigkeiten der Stadt sind weltbekannt, ebenso die Museen wie das Kunsthistorische oder das Naturhistorische Museum. Die Wiener sammeln gerne, kein Wunder also, dass hier nicht nur eines der größten Auktionshäuser Europas steht (Dorotheum), sondern auch die Zahl der Museen ungewöhnlich hoch ist. Es existieren Spezialmuseen wie ein Feuerzeug- oder ein Kriminalmuseum, ein Fiakermuseum und sogar, was in Wien vielleicht nicht wirklich überrascht, ein Bestattungsmuseum.

Sie sind unter den Besuchern der Metropole natürlich sehr beliebt, so dass der Andrang entsprechend groß ist. Versuchen Sie also, Ihren Museumsbesuch möglichst früh zu beginnen. Und zur Erholung gehen Sie danach in den Wienerwald, ein Kaffeehaus oder ein Beisl.

SIGHTSEEING-HIGHLIGHTS

Hofburg

Bis 1918 residierten hier die Habsburger, dann wurden sie gestürzt. So endete der seit dem 13. Jh. dauernde permanente Ausbau der Burg. Sehenswert sind die Schatzkammern, der Prunksaal und die Silberkammer.

I., Zugang vom Heldenplatz, Michaelerplatz und Josefsplatz; U-Bahn: Herrengasse

MuseumsQuartier

Die ehemaligen Hofstallungen beherbergen nun bedeutende Kunstsammlungen.

VII., Museumsplatz 1; U-Bahn: Volkstheater

Prater

Das Riesenrad von 1896/97 ist das Wahrzeichen des traditionsreichen Vergnügungsparks.

U-Bahn: Praterstern

Schönbrunn

Für die kaiserliche Sommerresidenz kann man einen ganzen Tag einplanen. Sehenswert sind die Prunkräume, beeindruckend das Palmenhaus, der französische und der Irrgarten.

XIII.; U-Bahn: Schönbrunn/Hietzing; April–Juni, Sept., Okt. tgl. 8.30–17, Juli/ Aug. tgl. 8.30–18, Nov.–März tgl. 8.30–16.30 Uhr

Stephansdom

Österreichs bedeutendster gotischer Bau. Der Südturm misst 137 m. Von oben genießt man einen herrlichen Blick über Wien.

I., Stephansplatz; U-Bahn: Stephansplatz

ESSEN UND TRINKEN

Wien ist bekannt für seine Kaffeehäuser, die jedoch derzeit einen schweren Stand haben. Manche traditionsreichen Häuser mussten schließen, andere wurden so stark modernisiert, dass schon verächtlich von »Disneyversionen« gesprochen wurde.

Ganz anders steht es mit den Buschenschanken. Wien besitzt in seinen Stadtgrenzen bekanntlich Weinanbaugebiete. In den Schanken wird der eigene Wein (Heuriger) ausgeschenkt; als Signal, dass es wieder so weit ist, wird ein Busch an die Tür gesteckt. Heute haben viele dieser Heurigen das ganze Jahr über geöffnet, sie bieten neben dem Wein auch kalte und warme Speisen an. Zu unterscheiden ist zwischen den Freiluft-Heurigen z.B. in Nußdorf oder Neustift und den Stadtheurigen, die man in Kellern im I. Bezirk findet.

Typisch wienerisch sind auch die Beisln, Wirtshäuser an der Ecke, in die man zum Trinken und Essen, Diskutieren oder Zeitvertreib geht.

Und die Restaurants? Die traditionelle österreichische Küche ist modernisiert und somit leichter geworden, Gastrokritiker sind voll des Lobes.

GASTRO-HIGHLIGHTS

Hawelka

Das berühmteste der Wiener Kaffeehäuser, an den Wänden Bilder, mit denen Künstler ihre Rechnungen beglichen.

I., Dorotheergasse 6; Tel. 5 12 82 30; U-Bahn: Stephansplatz; Mo, Mi–Sa 8–2, So 16–2 Uhr

Mayer am Pfarrplatz

Einer der besten Heurigen, ausgezeichneter Wein, viel gelobte Strudel.

XIX., Pfarrplatz 2; Tel. 3 70 33 61; Straßenbahn 38 A; Mo–Sa 16–24, So 11–24 Uhr

Schweizerhaus

Berühmt für seine saftigen gegrillten Stelzen (Schweinshaxen) und Wiener Schnitzel.

II., Prater 116; Tel. 7 28 01 52; U-Bahn: Praterstern; März–Okt. tgl. 10–23 Uhr, ab 10 €

Vestibül

Ein hervorragendes Beispiel für die moderne, leichte Küche.

I., Dr. Karl-Lueger-Ring 2; Tel. 5 32 49 99; U-Bahn: Herrengasse; Mo–Fr 12–14, 18–24, Sa 18–24 Uhr, ab 15 € MASTER VISA

Weibels Wirtshaus

Riesige Weinauswahl, günstige Tagesgerichte.

I., Kumpfgasse 2; Tel. 5 12 39 86; U-Bahn: Stephansplatz; tgl. 11.30–24 Uhr; ab 15 € AmEx MASTER VISA

Kaffeehauskultur vom Feinsten: das Café Central im Palais Ferstel.

MERIAN-Tipps

KALTES WIEN

Wien bietet Naschkatzen nicht nur feinste Mehlspeisen, sondern auch hervorragendes Eis. Das beste gibt es seit Jahrzehnten bei Tichy.

X., Reumannplatz 13; Tel. 60 44 44 60; U-Bahn: Reumannplatz; tgl. 10–23 Uhr; Okt.–März geschl.

HEISSES WIEN

Würstchen erfreuen sich großer Beliebtheit. »A klasse Hasse« ist ein Paar Würstchen. Zu den Spezialitäten gehören Krainer und Käsekrainer, Burenhäutl und Sacherwürstl. Beliebte Stände sind am Hohen Markt, an der Ecke Karlsplatz/Operngasse und am Schwarzenbergplatz.

NEBENKOSTEN IN €

1 Tasse Kaffee	2,20
1 Bier	2,70
1 Cola	1,80
1 Brot (ca. 500 g)	1,50
1 Schachtel Zigaretten	3,00
1 Liter Benzin	1,00
Fahrt mit Bus (Einzelfahrt)	1,50
Mietwagen/Tag	ab 50,00

Das Traditionsgeschäft Lobmeyr führt Glas und Porzellan.

MERIAN-Tipps

UNTER EINEM DACH

Steffl ist ein traditionsreiches, modernisiertes Kaufhaus, das internationale Designermode ebenso anbietet wie Trachten, Bücher, Kulinaria oder Kunsthandwerk. Toller Blick auf die Stadt von der Bar ganz oben.

I., Kärntner Straße 19; U-Bahn: Stephansplatz

UNTER VIELEN DÄCHERN

Seit 1916 der traditionelle Markt der Wiener, heute ein buntes, lautes Multikulti-Gemisch, das ist der Naschmarkt.

III., Naschmarkt; U-Bahn: Pilgrimgasse, Kettenbrückengasse

Auktionshaus Dorotheum.

EINKAUFEN

Sicherlich besitzt Wien nicht das Shopping-Image wie andere Großstädte. Das bedeutet aber nicht, dass es hier nicht auch attraktive Möglichkeiten gäbe, zum Beispiel Kulinaria: Wein, Speck, Käse oder Schnäpse gibt es reichlich und in sehr guter Qualität. Landhausmode ist eine weitere Möglichkeit, Wintersportmode aus dem Skiland Österreich eine andere. »Normale« Mode fällt hier hingegen weniger spektakulär aus als etwa in London. Immerhin haben es aber mit Helmut Lang und Fred Adlmüller zwei Designer zu großer Bedeutung gebracht. Die feinsten Adressen für Modeeinkäufe sind Graben, Kärntner Straße, Tuchlauben und Kohlmarkt, ansonsten ist die Mariahilfer Straße die Haupteinkaufsmeile. Handgefertigte Schuhe und Lederwaren sowie Porzellan aus dem Hause Augarten genießen einen guten Ruf.

Auf den Flohmärkten ist es hier wie andernorts auch: Professionelle Händler haben sich breit gemacht, ein Schnäppchen ist kaum mehr drin. Da lohnt dann eher ein Blick in die Galerie des Auktionshauses Dorotheum.

SHOPPING-HIGHLIGHTS

Backhausen

Wer sich für Stoffe interessiert, muss hierher, denn das Geschäft besitzt über 3500 verschiedene Entwürfe.

I., Schwarzenbergstr. 10; U-Bahn: Karlsplatz

Keck's Feine Kost

Delikatessen aus allen Regionen Österreichs im Übermaß, schon das bloße Anschauen ist ein Vergnügen.

I., Herrengasse 15; U-Bahn: Herrengasse

Lobmeyr

Glaskunst in Perfektion, ob Kronleuchter oder Kristallglas. Angeschlossen ist ein kleines Museum zur Glasbläserkunst.

I., Kärntner Str. 26; U-Bahn: Stephansplatz

Plankl

Riesenauswahl an führenden österreichischen Trachtenmarken.

I., Michaelerplatz 6; U-Bahn: Herrengasse

Ringstraßen-Galerien

Eine große Einkaufspassage mit gehobeneren Mode- und Schmuckgeschäften, dazu Cafés und Bars.

I., Kärntner Ring; U-Bahn: Oper/Karlsplatz; Straßenbahn: alle Ringstraßenlinien

AM ABEND

Sie haben die Wahl zwischen Tradition und Trends. Tradition, das sind die Heurigen und Beisln, in denen man seit jeher gerne den Abend beendet. Trends, das sind die neuesten Clubs und Diskos, das können aber auch Musicals sein, die fixer Bestandteil des Angebots geworden sind.

Opern in der Staatsoper, Operetten in der Volksoper und das Burgtheater sind feste Größen im Kulturleben. Im Sommer locken die Freiluftkinos in den Augarten. Und schließlich gibt es ja noch die Bars und Lokale in der Innenstadt. Manche sind neu und hip, andere seit Jahrzehnten etabliert. So gibt es neue Adressen in den Bögen der Stadtbahn am Gürtel, während das »Bermuda-Dreieck« (⇢ MERIAN-Tipps) unverwüstlich erscheint.

Das gilt auch die Clubs im ersten Bezirk, wo allerdings das bekannte P1 an Reiz verloren hat. Junge Leute treffen sich zudem gerne am Schwedenplatz, wo es sehr unterschiedliche Lokale gibt. Unten am Wasser kann man auf Schiffen gemütlich beisammen sein. Und sobald das Wetter es zulässt, wird die Gegend um die Donauinsel gestürmt. Dort findet alljährlich um den 20. Juni auch ein riesiges Open-Air-Fest statt. Aktuelle Tipps finden Sie im Magazin »Falter«.

NIGHTLIFE-HIGHLIGHTS

Café Drechsler
Der Tipp für den frühen Morgen, denn Drechsler macht auf, wenn die anderen zusperren.
V., Kohlgasse 32; U-Bahn: Margarethengürtel; Mo–Fr 4–20, Sa 4–18 Uhr

Kabarett Niedermair
Das Sprungbrett für den Kleinkunstnachwuchs, etablierte Künstler kehren gerne zurück.
VIII., Lenaugasse 1a; Tel. 4 08 44 92; U-Bahn: Rathaus

Loos American Bar
Ein immer noch eindrucksvolles Interieur (1908), vorzügliche Cocktails, nicht ganz billig.
I., Kärntner Str. 8–10; U-Bahn: Stephansplatz; tgl. 12–4 Uhr

Porgy & Bess
Der beste Jazz der Stadt, traditionell und avantgardistisch.
I., Riemergasse 11; Tel. 5 03 70 09; www.porgy.at; U-Bahn: Stephansplatz

Queen Anne
Eine Institution im Nachtleben, von Promis gerne aufgesucht, verschiedene Musikstile.
I., Johannesgasse 12; U-Bahn: Stephansplatz; tgl. 23–4 Uhr

Aus dem Jahr 1908 und immer noch unübertroffen: die Loos-Bar.

MERIAN-Tipps

WO MAN VERSINKT

Das »Bermuda-Dreieck« wird von einigen Kneipen gebildet, die eine große Alkoholauswahl, z.T. kleine Snacks und gute (Live-) Musik bieten. Die bekanntesten Kneipen sind das Krah-Krah (I., Rabensteig 8) und Roter Engel (I., Rabensteig 5).

WO MAN TANZT

Die Clubszene der Stadt sucht sich ständig neue Locations. Gerade angesagt ist Die Passage, eingerichtet in der Babenberger Passage unter der Ringstraße. Aktuelle Infos unter 9 61 88 00.

Auch abends schmeckt die Melange.

Wien
I. Bezirk
© MERIAN-Kartographie
Volksoper
Rooseveltpl.
Votivkirche
Währinger Str.
Hörlgasse
Wasagasse
Kolingasse
Maria-Theresien-Str.
Börsegasse
Zelinkagasse
Neutorgasse
Börse
Börsepl.
Sigmund-Freud-Park
Schottentor-Universität
Schottenring
Wipplingerstr.
Heßgasse
Alser Str.
Universitätsstr.
Liebiggasse
Schreyvogelgasse
Hohenstaufengasse
Helferstorferstr.
Schottenbastei
Universität
Reichsratsstr.
Rathausstr.
Ebendorferstr.
Grillparzerstr.
Pasqualatihaus
Rathausplatz
Mölker Bastei
Mölker Steig
Schottengasse
Schottenstift
Hohe Brücke
Ehem. Bürgerl. Zeughaus
Renngasse
Austria-Brunnen
Freyung
Tiefer Graben
Am Hof
Wiener Feuerwehrmuseum
Kunstforum der Bank Austria
Palais Ferstel
Landesgerichtsstr.
Felderstr.
Fr.-Schmidt-Pl.
Rathaus
A. Schärf
Rathauspark
Seitz
Th. Körner
Oppolzergasse
Teinfaltstr.
Löwelstr.
Burgtheater
Bankgasse
Herrengasse
Heidenschuss
Naglergasse
Haarhof
Wallnerstr.
Bognergasse
Puppen- und Spielzeugmuseum
Uhrenmuseum
Lichtenfelsg.
Dr.-Karl-Lueger-Ring
Kaiserin-Elisabeth-Dkm.
Minoritenkirche
Minoritenplatz
Herrengasse
Stadiong.
Rathausplatz
Doblhoffgasse
Volksgarten
Loos-Haus
Kohlmarkt
Schauflerg.
Parlament
Pallas Athene
Dr.-K.-Renner-Ring
Ballhausplatz
Michaelerpl.
Michaelerkirche
Hofsilber- und Tafelkammer
Int. Esperanto-Museum
Habsburgergasse
Stallburggasse
Bräunerstr.
Dorotheergasse
Auerspergstr.
Schmerlingplatz
Grillparzer
Heldenplatz
Michaeler Durchgang
Hofburg
Lerchenfelder Str.
Palais Trautson/Justizpalast
Volksgartenstr.
Hansenstr.
Jugend-Info
Josefspl.
Dorotheum
Weghuberpark
Museumstr.
Bellariastr.
Burgring
Äußeres Burgtor
Augustinerkirche
Augustinerstr.
Theatermuseum
Neustiftgasse
Volkstheater
Naturhistorisches Museum
Ephesos-museum
Hanuschg.
Kirchengasse
Burggasse
Maria-Theresien-Denkmal
Maria-Theresien-Platz
Museum für Völkerkunde
Palmenhaus
Albertina
Burggarten
Breite Gasse
Spittelbergg.
Gutenberggasse
Kunsthistorisches Museum
Babenberger Passage
Dkm. gegen Krieg und Faschismus
Goethegasse
Goethe
Staatsoper
Museumsplatz
MuseumsQuartier
Siebensterngasse
Babenbergerstr.
Elisabethstr.
Nibelungengasse
Eschenbachgasse
Operng.
Opernring
K.-Schweighofer-G.
Schiller
Schillerpl.
Operngasse
Österr. Tabakmuseum
Getreidemarkt
Akademie der Bildenden Künste
Gauermanngasse
Stiftgasse
Rahlgasse
Mariahilfer Str.
Königsklostergasse
Theobaldgasse
Windmühlg.
Gumpendorfer Str.
Secession
Friedrichstr.
Theater a. d. Wien
Lehárgasse
Linke Wienzeile
Rechte Wienzeile
Kunsthalle
Naschmarkt
Girardigasse
Otto-Wagner-Häuser
Techn. Uni.
Wiedner Hauptstr.

0
375 m
Donaukanal
Franz-Josefs-Kai
Obere Donaustr.
Große-Schiffgasse
Kl. Sperlgasse
Schmelzgasse
Hollandstr.
Hammer-Purgstall-G.
Taborstr.
Klosterkirche der Barmherzigen Brüder
Zirkusgasse
Rudolfs-pl.
Heinrichsgasse
Gölsdorfg.
Salztorbrücke
Salztorg.
Gredlerstr.
Gr. Mohrengasse
Praterstr.
Ferdinandstr.
Gedenkstätte für d. Opfer d. österr. Freiheitskampfes
Salzgries
Morzin-pl.
Schwedenbrücke
Untere Donaustr.
Aspernbrücke
Altes Rathaus
Ruprechtskirche
Sterngasse
Marc-Aurel-Str.
Seitenstettg.
Rotenturmstr.
Schwedenpl.
Urania
Synagoge
Böhm. Hofkanzlei
Hoher Markt
Fleischmarkt
Griech.-orthodoxe Kirche
Laurenzbg.
Postgasse
Julius-Raab-Pl.
Uraniastr.
Tuchlauben
Ankeruhr
Röm. Ruinen
Rotg.
Wiesingerstr.
Biberstr.
Georg-Coch-Pl.
Kramergasse
Brandstätte
Heiligenkreuzer Hof
Kölnerhofg.
Bäckerstr.
Sonnenfelsg.
Basiliskenhaus
Alte Schmiede
Schönlaterng.
Dominikanerbastei
Postsparkasse
Radetzky
Schallautzerstr.
Rotenturmstr.
Erzbisch. Dom- und Diözesanmuseum
Bauernmarkt
Jasomirgottstr.
Jesuitenkirche
Rosenbursenstr.
Oskar-Kokoschka-Pl.
Wienfluß
Zollamtsstr.
Stephans-platz
Stephansdom
Wollzeile
Alte Universität
Haas-Haus
Figaro-Haus
Bibersstr.
Marxerg.
Stephanspl.
Domg.
Schulerstr.
Dr.-K.-Lueger-Pl.
Bäckerstr.
Stubenring
Österr. Museum für Angewandte Kunst
Gigergasse
Wien Mitte
Kärntner Str.
Schatzkammer des Deutschen Ordens
Blutg.
Grünangerg.
Singerstr.
Kumpfg.
Riemergasse
Zedlitzgasse
Stubenbastei
Stubentor
Weiskirchnerstr.
Vordere
Landstraßer Hauptstr.
Weihburggasse
Rauhensteing.
Ballgasse
Franziskanerkirche
Liebenbergg.
Cobdeng.
Schubert
Parkring
Am Stadtpark
Himmelpfortg.
Seilerstätte
Gartenbauprom.
Stadtpark
Bruckner
Wien Mitte/Landstraße
Winterpalais
Johannesg.
Etab. Ronacher
Weihburggasse
Makart
Casino
Sammlung Religiöser Volkskunst
Annagasse
Hegelgasse
Himmelpfortgasse
Johann Strauß
Gr. Ungarbrücke
Krugerstr.
Akademiestr.
Fichtegasse
Schellinggasse
Kursalon
Walfischgasse
Schwarzenbergstr.
Wienfluß
Am Heumarkt
Münzg.
Mahlerstr.
Fichteg.
Johannesgasse
Sebastian Kneipp
Beatrixg.
Reisnerstr.
Kärntner Ring
Schubertring
Christineng.
Beethovenpl.
L.-v.-Beethoven
Wiener Eislaufverein
Beatrixgasse
Linke Bahngasse
Rechte Bahngasse
Pestalozzig.
Lothringerstr.
Akademiestr.
Künstlerhaus
Dorferstr.
Canovag.
Musikverein
Schwarzenbergplatz
Lisztstr.
Am Heumarkt
Lagergasse
Özeltgasse
Bayerngasse
Salesianergasse
Grimmelshauseng.
Konzerthaus, Akademietheater
Marokkanergasse
Karlsplatz
Lothringerstr.
Schwarzenbergplatz
Am Modenapark
Reisnerstr.
Hist. Museum der Sadt Wien
Traungasse
Zaunergasse
Neulinggasse
Brucknerstr.
Karlskirche

U1 U-Bahn-Linie
S 1 Schnellbahnlinie
CAT City Airport Train
Lokalbahn Wien–Baden
Regionalbusse
Kundenzentrum der Wiener Linien (U3-Station Erdberg)
Informationsstelle der Wiener Linien
Vorverkaufsstelle
Flughafen
P+R Park & Ride
S40
Kahlenbergerdorf
Nußdorf
Heiligenstadt
U4
Oberdöbling
Krottenbachstr.
Gersthof
Spittelau
Jägerstraße
Nußdorfer Straße
Währinger Straße-Volksoper
Michelbeuern - Allg. Krankenhaus
S40
Franz-Josefs-Bahnhof
Hernals
Alser Straße
Josefstädter Straße
Ottakring
U3
Kendlerstraße
Hütteldorfer Straße
Johnstraße
Thaliastraße
Schottentor
Burggasse-Stadthalle
Westbahnhof
Rathaus
Breitensee
Zieglerg.
Schweglerstraße
Penzing
S50
Purkersdorf Sanatorium
Weidlingau
S45
S15
Gumpendorfer Straße
Neubaug.
Volkstheater
Museumsquartier
S50
Hadersdorf
U4
Unter St. Veit
Braunschweigg.
Margaretengürtel
Hütteldorf
Ober St. Veit
Hietzing (Tiergarten)
Schönbrunn
Meidling Hauptstraße
Längenfeldg.
Niederhofstraße
Pilgramgasse
Kettenbrückengasse
S3
Philadelphiabr.
Matzleinsdorfer Platz
Speising
Meidling
Hetzendorf
Schedifkaplatz
Schöpfwerk
Tscherttegasse
Gutheil-Schoder-G.
Am Schöpfwerk
Inzdf. Personenbhf.
Atzgersdorf
Alterlaa
Neu Erlaa
Erlaaer Straße
Liesing
Perfektastraße
S1
S2
Siebenhirten
U6

ebersdorf
Jedlersdorf
Brünner Straße
P+R
S 7
S 15
Siemens-straße
S 2
P+R
Leopoldau
Gerasdorf
Süßenbrunn
S 1
U6
V
i
Floridsdorf
Neue Donau
S 45
elskai
Kagran
U1
V
P+R
Hausfeldstraße
S 80
Traisengasse
Alte Donau
Kaisermühlen-Vienna Int. Centre
Donauinsel
Vorgartenstraße
Hirschstetten
Erzherzog-Karl-Straße
Stadlau
estroypl.
Praterstern (Wien Nord)
V
i
platz
Stubentor
CAT
V
i
Landstraße (Wien Mitte)
Rochusgasse
V
Kardinal-Nagl-Platz
Schlachthausgasse
Erdberg
P+R
Lobau
tadt-ark
V
Praterkai
Gasometer
atz
Zipperer-straße
ummen-
Rennweg
Enk-platz
St. Marx
Haidestraße
S 80
S 60
ler
Geisel-bergstr.
Simmering
U3
V
dbahnhof
V
platz
Zentralfriedhof
Grillgasse
Kaiserebersdorf
annplatz
V
Schwechat
Kledering
en
S 60
CAT
S 7

IMPRESSUM

Liebe Leserinnen und Leser,
wir freuen uns, Ihre Meinung zu diesem Reiseführer zu erfahren. Bitte schreiben Sie uns, wenn Sie Berichtigungen und Ergänzungsvorschläge haben oder wenn Ihnen etwas besonders gut gefällt:

TRAVEL HOUSE MEDIA GmbH
Postfach 86 03 66
81630 München

E-Mail: merian-live@travel-house-media.de
Internet: www.merian.de

Alle Angaben in diesem Reiseführer sind gewissenhaft geprüft. Preise, Öffnungszeiten usw. können sich aber schnell ändern. Für eventuelle Fehler übernimmt der Verlag keine Haftung.

Fotos
Titelbild: Benelux Press/Mauritius
Celentano/laif 11, 97o; Dieterich 88o; Doifel Videla 9o, 9u, 10u, 12o, 12u, 13u; Dressler 108u; Ebert/laif 77o, 77u, 80o, 80u, 81o, 81u; Frei 98o, 98u, 99, 100o, 100u, 101o, 101u; Freyer 19u, 21, 23o, 46, 51o, 96, 116, 117o, 117u, 119, 120o, 120u, 121o, 121u; Gonzales/laif 18, 23u; Grene/LOOK 111u; Haafke 106, 107o, 107u, 108o, 109, 110o, 110u; Hackenberg 4, 37u, 39, 40u; Hahn/laif 118u; Hamann 87o, 91o; Hartmann 78u, 79; Hiller 47o; Jung 20o; Kirchner/laif 13o; Krinitz/laif 76; Lubenow/LOOK 118o; Maecke/GAFF/laif 33u; Meier 111o; Mosler 66, 67o, 67u, 68o, 68u, 69, 70o, 70u, 71o, 71u; Roth 49; Schneider 5, 28, 29o, 29u, 30o, 30u, 31, 32o, 32u, 33o; Seitz/edition vasco 20u, 22o, 22u, 38o, 38u, 40o, 41o, 19o; Simeone/Bildagentur Huber 8, 86; srt-Bild 90u; Stankiezicz 36; Tarvernier/REA 78o; Thomas 47u, 50o, 50u, 51u, 56, 57o, 60o, 60u, 61o, 61u, 97u; Tophoven/laif 41u; Türemis/laif 10o, 37o; Veszelits 87u, 88u, 89, 90o, 91u; Wrba 57u, 58o, 58u, 59

Programmleitung
Susanne Böttcher
Text und Redaktion
Jan Scherping, Eva Stadler
Konzept
Martina Gorgas
Gestaltung und Satz
Sabine Dohme, München
Karten
MERIAN-Kartographie
Produktion
Martina Müller

Druck
Appl, Wemding
Bindung
Auer, Donauwörth
Gedruckt auf
Luxosamtoffset von Schneidersöhne

Bei Interesse an Karten aus MERIAN-Reiseführern schreiben Sie bitte an:
iPUBLISH GmbH, geomatics
Berg-am-Laim-Straße 47
81673 München
E-Mail: geomatics@ipublish.de

3. Auflage
ISBN 3-7742-6737-5

TRAVEL HOUSE MEDIA

Ein Unternehmen der
GANSKE VERLAGSGRUPPE

S+U-Bahn-Netz
Tarifbereich Berlin A B C
Wittstock (Dosse)/Rheinsberg (Mark) RE6
Kremmen RB55
Vehlefanz
Bärenklau
Velten (Mark)
Hohen Neue
nur S Hennigsdorf S25 RB55
Heiligensee
Schulzendorf (b Tegel
Alt-Tegel U6
Tegel
Borsigwerke
Holzhauser Str.
Otisstr.
Scharnweberstr.
Kurt-Schumacher-Platz
Afrikanische Str
Flughafen Berlin-Tegel TXL
Otto Lilienthal
TXL X9 109 128
C
B
A
7
6
5
4
3
2
1
Wismar RE2 RB10
Nauen
Brieselang
Finkenkrug
Falkensee
Seegefeld
Albrechtshof
Wuster-mark
Dallgow-Döberitz
Staaken
RE4
Rathenow
RB13 RB21
Elstal
RB13 S75
Spandau DB
Altstadt Spandau
Zitadelle
Haselhorst
Paulsternstr.
Rohrdamm
Siemensdamm
Halemweg
Jakob-Kaiser-Platz
U7 Rathaus Spandau
Stresow
X9 109
Jungfernheide
X9
Beusselstr.
TXL
Birkenstr.
S42 S41
Mierendorffplatz
TXL
Turmstr.
U2 Ruhleben
Pichelsberg
Olympia-Stadion
Westend
Richard-Wagner-Platz
Tiergarten
Bellevue
Olympiastadion
Neu-Westend
Kaiserdamm
Sophie-Charlotte-Pl.
Deutsche Oper
Ernst-Reuter-Pl.
Hansaplatz
Theodor-Heuss-Platz
Messe Nord/ICC
Bismarck-str.
SEV S5 S7 S75 S9
Zoologischer Garten
X9 109
HVL
Priort
Heerstr.
ZOB
ICC
Messe
Wilmers-dorfer Str.
Charlotten-burg
S7
RE6 RB10 S75
SEV
Ersatzverkehr
Savigny-platz
109
Kurfürsten-damm
Nollendo
Wittenberg-platz
Messe Süd
U15
Uhlandstr.
Westkreuz
109
Adenauerplatz
Spichernstr.
Augsburger Str.
Hohenzollern-platz
Güntzelstr.
Konstanzer Str.
Blissestr.
Fehrbelliner Platz
Berliner Str.
Rathaus Schöneberg
Grunewald
Halensee
Hohenzollern-damm
Berlin
Heidelberger Platz
Bundesplatz
Rüdesheimer Platz
Friedrich-Wilhelm-Platz
Innsb Pl
Breitenbachplatz
Walther-Schreiber-Platz
Podbielskiallee
Schloßstr.
Marquardt
Dahlem-Dorf
Thielplatz
Botan
Potsdam
Golm
nur S1
Nikolassee
Oskar-Helene-Heim
Lichterfelde W
Griebnitz-see
Onkel Toms Hütte
Brandenburg RE1
Magdeburg
Park Sanssouci
Charlotten-hof
Babelsberg RB21
S7 RB33
Wannsee
DB P+R
Krumme Lanke U1
SEV
Sundgauer Str.
Werder (Havel)
S1
Potsdam Hbf
RB20 RB22 DB
Medienstadt Babelsberg
Schlachtensee
Mexikoplatz
Zehlendorf
S25 im Bau
Pirschheide
Rehbrücke
Teltow Stadt
Caputh-Geltow
Wilhelmshorst
Saarmund
Genshagener Heide
Großbeer
Caputh-Schwielowsee
Michendorf
PM
Birkengrund
Ferch-Lienewitz
Seddin
RB32 Ludwigsfelde
Thyrow
A
B
C
D
Dessau RE3
RB33 Jüterbog
Lutherstadt Wittenberg/Falkenberg RE4
S1 Potsdam Hbf DB ↔ Oranienburg
S2 Blankenfelde ↔ Bernau DB
S25 Lichterfelde Süd ↔ Hennigsdorf
S3 Erkner ↔ Ostbahnhof DB
S3 Erkner ↔ Ostkreuz
S41 Ring im Uhrzeigersinn
S41 Gesundbrunnen ↔ Westend
S42 Ring gegen Uhrzeigersinn
S42 Westend ↔ Gesundbrunnen
S45 Flughafen Berlin-Schönefeld DB ↔ Hermannstraße (↔ Gesundbrunnen)
S46 Königs Wusterhausen ↔ Gesundbrunnen
S47 Spindlersfeld ↔ Gesundbrunnen
S47 Spindlersfeld ↔ Schöneweide
S5 Strausberg Nord ↔ Friedrichstraße (↔ Zoologischer Garten DB)
S7 Ahrensfelde ↔ Zoologischer Garten DB
S7 Ahrensfelde ↔ Lichtenberg DB
S7 Charlottenburg ↔ Wan
S75 Wartenberg ↔ Zoologi
S75 Charlottenburg ↔ Spar
S8 (Zeuthen ↔) Grünau ↔
S8 Blankenburg ↔ Birken
S9 Flughafen Berlin-Schön
S9 Flughafen Berlin-Schön